@

Planet@ 1
Libro del alumno

Matilde Cerrolaza - Óscar Cerrolaza - Begoña Llovet

Versión Mercosur
Claudia Jacobi
Enrique Melone

edelsa
GRUPO DIDASCALIA, S.A.
Plaza Ciudad de Salta, 3 - 28043 MADRID - (ESPAÑA)
TEL.: (34) 914.165.511 - FAX: (34) 914.165.411

Primera edición: 1998.
Segunda edición (nueva edición aumentada): 1998.
Primera reimpresión: 1999.

Dirección y coordinación editorial: Departamento de Edición de Edelsa.
Diseño de cubierta, maquetación y fotocomposición: Departamento de Imagen de Edelsa.

Fotomecánica: Alba.
Imprenta: Egedsa, S.A.

ISBN: 84. 7711. 249. 5

Depósito legal: B-7539-1999

Fuentes, créditos y agradecimientos

Documentos e imágenes

Fotografías:
• Agencia EFE: pág. 71 (2. Montserrat Caballé, 4. Gabriel García Márquez, 5. Inés Sastre).
• Autores de Planet@: págs. 26 (A, B, C, E), 37, 50 (1, 2, 3, 4, 5), 53 (1, 2, 3, 4), 78 (1, 3, 4), 86, 87, 99 (2), 100 (1. México: San Cristóbal de las Casas; 3. Perú: Machu-Picchu, fortaleza inca; 5. México: ruinas mayas de Palenque), 120, 123.
• Brotons: págs. 25 (Familia de Carlos IV y M. de Cervantes), 51 (1, 2, 3, 4, 5), 59 (Madrid: Plaza Mayor y Plaza de la República Dominicana), 66, 69, 70, 74, 78 (2), 80, 83, 108, 125, 126.
• José Manuel Navia/Peter Menzel/ASA: pág. 76 (Familia De Frutos) • Diego Goldberg/Peter Menzel/ASA: pág. 77 (Familia Carballo).
• Imágenes vídeo Planet@: págs. 13, 14, 17, 22, 39, 43, 45, 46, 63, 64, 88, 91, 94, 112, 118.
• Patricia Jahncke: págs. 52 (1, 2, 3, 4), 99 (4, 5), 100 (2. Perú: Chincheros).
• Laura Madera: pág. 99 (3).
• Antonio Molina Torres: pág. 71 (1), fotografía del retrato de Juan Carlos I, Rey de España, cedida por Manuel Torres.
• María Sodore: págs. 26 (D), 99 (1).
• Jesús Vallinas: pág. 71 (3. Igor Yebra).

Ilustraciones:
• Victoria Gutiérrez: págs. 6, 7 (ej. 1), 11, 16 (ej. 4), 19, 41 (ej. 2), 61, 67, 73, 74, 75, 83, 105 (ej. 6), 106, 107, 110, 128, 132, 133.
• Antonio Martín: págs. 7 (ej. 2), 10, 14, 15, 16 (ej. 3), 18, 30, 33, 35, 36, 37, 38, 40, 41, 44, 45, 46, 47, 50 (plano), 51 (plano), 54, 56, 57, 62, 65, 66, 68, 72, 74, 79, 88, 92, 93, 97, 98, 104 y 105 (ej. 3), 114, 116, 117, 122, 125, 126, 127, 131.
• Quino *(El País)*: pág. 102.

Reproducción de documentos:
Pág. 12: Extracto del documento de la Campaña "Democracia es Igualdad". (Subvencionada por el Ministerio de Asuntos Sociales. 1993.)
Pág. 27: Formulario para extranjeros. Régimen General no Laboral. Ministerio del Interior.
Pág. 28: Extracto de artículo de *El País* (22 de noviembre de 1992) sobre la inmigración.
Pág. 29: Datos del Anuario Iberoamericano 1995. Agencia EFE.
Pág. 34: Facsímiles de billetes de Euros.
Pág. 42: Plano parcial del centro de Madrid (Gran Plano de Madrid. ABC).
Pág. 43: El llamado "Triángulo del Arte" (Plano de Madrid. El Corte Inglés).
Pág. 48: Red de Metro y Cercanías (Consorcio Regional de Transportes de Madrid. Plano de Madrid, El Corte Inglés).
Pág. 57: Plano parcial Recinto Ferial de Sevilla (Sevilla, Colección Destinos Turísticos, Turespaña, Secretaría General de Turismo, Ministerio de Industria, Comercio y Turismo).
Pág. 58: Extracto adaptado del artículo "Nuevos refrescos", revista *Integral*, nº 210.
Págs. 60, 75: Bolsa de los establecimientos Vinçon.
Pág. 84: Documento adaptado calendario ONG Acción contra el Hambre.
Pág. 85: Logos de las ONG Acción contra el Hambre, Ayuda en Acción (también en pág. 91), Manos Unidas, Medicus Mundi y Médicos sin Fronteras.
Pág. 101: Datos extraídos del documento "Estrategia española de cooperación con los pueblos indígenas" (Agencia Española de Cooperación Internacional (AECI), Ministerio de Asuntos Exteriores, Secretaría de Estado para la Cooperación Internacional y para Iberoamérica). Fuente: Banco Mundial, 1994.
Pág. 109: Cómic "Mauro y María: Iguales en todo" (Dirección General de la Mujer, Consejería de Sanidad y Servicios Sociales, Comunidad de Madrid), en revista infantil *Tupataleta* nº 6.
Pág. 119: Estadísticas sobre el tiempo libre de los españoles, *Tareas: C de Cultura*, pág. 12 (autores: equipo Tandem; editorial Difusión).
Pág. 121: Texto según un diseño de la Librería de Mujeres de Madrid.

Glosarios:
Agradecemos a los profesores Lisa Bennet y Alessandro Forforelli la realización de los glosarios de inglés e italiano respectivamente.
Agradecemos la colaboración prestada por Internexus Language Center Madrid y Yázigi International Bauru por la realización del glosario en portugués.
Agradecemos a la licenciada Christine Brönner la revisión del alemán, que ha sido realizado, junto con el francés, por el Equipo Edelsa.

Notas:
- Pág. 100 (4. Piedra del Sol. Pieza azteca): Museo Arqueológico Nacional de México.
- La Editorial Edelsa ha solicitado los permisos de reproducción correspondientes y da las gracias a los particulares, empresas privadas y organismos públicos que han prestado su colaboración.
- Las imágenes y documentos no consignados más arriba pertenecen al Archivo y al Departamento de Imagen de Edelsa.

¡Bienvenid@s a un nuevo Planet@!

Actualmente se va instalando un nuevo concepto pedagógico en el ámbito de la enseñanza de idiomas: tomando como base el enfoque comunicativo, acoge nuevos impulsos procedentes de la revalorización del sujeto-aprendiz y, por otra parte, del reconocimiento de la dimensión psicológica y emocional del aprendizaje y de la pedagogía de lo positivo.

En este marco ecléctico nace **Planet@,** un nuevo manual de Español como Lengua extranjera dirigido a adultos y adolescentes, que es el resultado de numerosos años de experiencia docente en distintas instituciones y escuelas, tanto oficiales como privadas, tanto en cursos de inmersión en España, como en cursos extensivos en el extranjero. Y, desde luego, es el resultado de un afán continuo por aprender, por experimentar y por contribuir a una enseñanza profundamente humanista y efectiva.

Planet@ es un curso articulado en 4 volúmenes (**Planet@ 1, 2, 3, 4).** Cada volumen gira en torno a 5 unidades temáticas. Los temas elegidos permiten la adquisición de una comunicación auténtica y motivadora, estimulan y potencian el compromiso social y vital de l@s alumn@s, y dan como resultado no sólo la realización de actividades significativas en el aula sino también la adquisición de una verdadera competencia intercultural.

Esta es la organización de cada unidad temática:

INTRODUCCIÓN AL TEMA:
Dos páginas de sensibilización al tema con un documento auténtico de arranque, una actividad de aprendizaje y de activación de conocimientos previos, y un mapa mental con los exponentes funcionales de la unidad.

ÓRBITA 1 (color verde):
1A: presentación de la primera situación, muestra de lengua y explotación de exponentes funcionales.
1B: explotación de otros exponentes funcionales relacionados con la misma situación.
1C: sistematización activa de la gramática y práctica.
Práctica global: actividad significativa en la que se ejercita la competencia comunicativa, se movilizan los recursos adquiridos en esta órbita y se activan las destrezas.

ÓRBITA 2 (color naranja):
2A: presentación de la segunda situación, muestra de lengua y explotación de exponentes funcionales.
2B: sistematización activa de la gramática y práctica.
Práctica global.

TAREA FINAL
El estudiante debe realizar una gran tarea que integra todos los contenidos léxicos, funcionales y gramaticales de las dos órbitas en una actividad significativa. Esta tarea final permite una gran autonomía y una toma de decisiones por parte del aprendiz.

[350 MILLONES]
Dos páginas de acercamiento al ámbito cultural hispano. Siempre fomenta la conciencia intercultural y tiene en cuenta los conocimientos previos del alumno.

RECUERDA (con el corazón y con la cabeza)
Dos páginas de recapitulación de la unidad, teniendo en cuenta los modos fundamentales de procesamiento de nuestro cerebro.

EN AUTONOMÍA
Cuatro páginas de práctica individual controlada de todos los contenidos de la unidad para los estudiantes que desean o precisan un refuerzo en su aprendizaje.

Los autores

La **Versión Mercosur** (págs. 135-150) atiende a variantes iberoamericanas, ya que trata no sólo diferencias del español hablado en España y en Hispanoamérica, sino también aspectos contrastivos entre el español y el portugués.

Los autores de la **Versión Mercosur**, siguiendo cada uno de los temas de **Planet@** 1, presentan las cuestiones que consideran de mayor interés mediante adaptaciones de diálogos y teoría y práctica de la lengua, sobre todo en el campo de la morfología y el léxico y, principalmente, en referencia a Argentina y Brasil.

tema 0: Bienvenid@ a un nuevo planet@ -1

tema:	1 LA DIVERSIDAD: todos somos extranjeros	2 LA CALIDAD DE VIDA: por un hábitat mejor
órbita 1	**1 a Funciones** Saludar y despedirse. Preguntar e informar sobre el nombre y el origen. Los gentilicios.	**1 a Funciones** Léxico básico para describir la calle. Preguntar e informar sobre direcciones. Hablar de la distancia a la que se encuentra algo. Localizar. Confirmar que se ha entendido. Agradecer.
	1 b Funciones Preguntar e informar sobre la profesión. Léxico de profesiones.	**1 b Funciones** Llamar la atención de alguien formal e informalmente para pedir algo. Iniciar una información.
	1 c Gramática activa Diferencia TÚ / USTED. Conjugación de las tres primeras personas del presente de los verbos LLAMARSE, VIVIR, HACER, SER y TENER.	**1 c Gramática activa** Diferencia entre HAY, ESTÁ y ESTÁN. Usos de los artículos determinados e indeterminados.
	Práctica global Confeccionar un carnet de identidad y simular una fiesta de encuentro.	**Práctica global** Hablar del hábitat ideal.
órbita 2	**2 a Funciones** Pedir una consumición y pagar. Léxico relativo a bebidas y comidas. Los números cardinales.	**2 a Funciones** Léxico elemental para describir la vida en el campo y en la ciudad. Comparaciones de superioridad, inferioridad y de igualdad. MEJOR y PEOR.
	2 b Gramática activa Las tres conjugaciones. Paradigma del presente de indicativo regular (todas las personas). El léxico básico de la familia.	**2 b Gramática activa** Presente de indicativo del verbo IR y del verbo SEGUIR. Preposiciones con verbos de movimiento. Preposiciones A y EN con medios de transporte.
	Práctica global Crear un personaje y escribir un diálogo de encuentro con él/ella.	**Práctica global** Hablar de las ventajas y desventajas de los medios de transporte.
tarea final	Rellenar un formulario de solicitud de permiso de residencia para extranjeros.	Decidir el destino de un viaje y justificar la decisión. Organizar un itinerario.
[350 millones]	Mapa político y lingüístico de España y distribución de inmigrantes por comunidades autónomas. Mapa político de Hispanoamérica y composición étnica de la población.	Los problemas de las grandes capitales. Descripción de Lima y de Buenos Aires.
Recuerda	Visualización de las funciones.	Viaje de fantasía y léxico relativo a la descripción de paisajes.
	Recapitulación de los contenidos léxicos, gramaticales y funcionales.	Recapitulación de los contenidos léxicos, gramaticales y funcionales.
En autonomía	Ejercicios individuales de repaso y profundización	

Versión Mercosur: variantes

3 EL BIENESTAR: consumidores conscientes

1 a Funciones
Léxico básico de frutas y verduras. Solicitar un producto. Preguntar el precio. Pagar.

1 b Funciones
Referirse a un objeto por sus características o por la distancia con ellos. Los adjetivos y pronombres deícticos. Hablar de cantidades, pesos y medidas. La alimentación básica de los españoles.

1 c Gramática activa
Verbos y sintaxis del verbo GUSTAR. Los pronombres objeto indirecto tónicos y átonos con preposición. MUCHÍSIMO, MUCHO, BASTANTE, UN POCO y NADA. A MÍ TAMBIÉN y A MÍ TAMPOCO.

Práctica global
Organizar una fiesta y un menú de acuerdo a los gustos de los invitados. Algunos platos típicos de la cultura hispana.

2 a Funciones
Expresar gustos y preferencias. Expresar la opinión. El paradigma del verbo PREFERIR.

2 b Gramática activa
La concordancia artículo - sustantivo - adjetivo. Los pronombres objeto directo.

Práctica global
Escribir un texto sobre los propios gustos y preferencias.

Hacer encuestas sobre el consumo y escribir un decálogo sobre el consumidor ideal.

Perfil socio-económico de una familia española.
Perfil socio-económico de una familia argentina.

Movimiento y fantasía para expresar gustos.

Recapitulación de los contenidos léxicos, gramaticales y funcionales.

4 LA SOLIDARIDAD: voluntarios sin fronteras

1 a Funciones
Hablar de acciones habituales y cotidianas. Situar las acciones temporalmente. Preguntar e informar sobre la hora. Identificar las partes del día.

1 b Funciones
Hablar de la frecuencia. Hablar de periodos. Los días de la semana. Verbos reflexivos de actividad cotidiana.

1 c Gramática activa
ESTAR + gerundio. Formas del gerundio regular y de los irregulares más frecuentes. Contraste presente / ESTAR + gerundio. Paradigma del presente de los verbos irregulares más frecuentes.

Práctica global
Informarse y escribir un texto sobre los hábitos y costumbres de un/a compañero/a acerca de su vida normal, de las vacaciones, etc.

2 a Funciones
Anunciar un encuentro. Proponer una actividad. Concertar una cita. Aceptar y rehusar una oferta. Justificarse.

2 b Gramática activa
IR A + infinitivo con valor de futuro. PENSAR + infinitivo. QUERER + infinitivo. DENTRO DE y otros marcadores temporales de futuro.

Práctica global
Citarse con un personaje famoso y escribir el diálogo.

Crear un personaje famoso e imaginar sus hábitos y sus proyectos futuros. Las estaciones del año.

La población autóctona de América.

Relatar una historia a partir de un cómic utilizando las estructuras aprendidas.

Recapitulación de los contenidos léxicos, gramaticales y funcionales.

5 EL RESPETO: mujeres y hombres, coprotagonistas del futuro

1 a Funciones
Expresar la opinión. Expresar acuerdo o desacuerdo. Valorar una idea. Justificar una opinión.

1 b Funciones
Reaccionar. Expresar sorpresa, disgusto y agrado.

1 c Gramática activa
Paradigma del pretérito perfecto regular e irregular. Usos del pretérito perfecto con marcadores temporales. YA / TODAVÍA NO. Usos del pretérito perfecto en valoraciones. Posición del reflexivo en el pretérito perfecto.

Práctica global
Expresar la opinión sobre lo que otros/as han dicho y justificarla.

2 a Funciones
Informar. Recursos para hablar de la gente: LA MAYORÍA, MUCHA GENTE, etc. SE con valor impersonal. Situar temporalmente una acción en la biografía personal.

2 b Gramática activa
Paradigma del pretérito indefinido regular y de los verbos IR, TENER, HACER. Diferencia de uso entre el pretérito perfecto y el pretérito indefinido con marcadores temporales. HACE.

Práctica global
Relatar las noticias ocurridas el año anterior.

Hablar sobre personajes famosos. Contar su vida y valorar una de sus producciones más famosas.

Historia de España.
Historia de México.

Narrar los cuatro mejores momentos del pasado.

Recapitulación de los contenidos léxicos, gramaticales y funcionales.

sobre los contenidos de cada tema.

Bienvenid@ a un nuevo planet@

Lucía Arantxa Víctor Montserrat Alberto
Carmen Josep Jordi Consuelo
Carlos Manolo
Rosalía
Irma
Ana
Jon Julio
Juan
Carolina Pepe Manuel José Manuel Graciela Miguel Ángel
María Rigoberta Rafael Guadalupe

¿Te gusta alguno de estos nombres? Y tú, ¿cómo te llamas?

1

Todos en círculo, sentados o de pie.

El primero hace un gesto y dice su nombre...

El segundo repite el gesto del primero y su nombre, y luego hace lo mismo...

El tercero repite lo del primero y lo del segundo y dice su nombre; el cuarto...

Así hasta completar el círculo.

2

Asocia estas músicas con estos lugares. ¿Qué más asocias con ellas?

audio

EL CARIBE

ESPAÑA

LOS ANDES

MÉXICO

ARGENTINA

3

Escucha este texto leído por un español y di qué sonidos te llaman la atención.

Piensa una palabra para definir el español de España, búscala en el diccionario o pregúntasela a tu profesor/-a.

Ahora escucha el mismo texto leído por una argentina: ¿qué diferencias hay con el anterior?

Piensa una palabra para definir el español de Argentina, búscala en el diccionario o pregúntasela a tu profesor/-a

Marca la palabra española.
I, ich, io, je, yo
lluvia, pioggia, pluie, rain, Regen
cheese, formaggio, fromage, Käse, queso
cerveza, beer, Bier, biere, birra
cane, chien, dog, Hund, perro
Auto, car, coche, macchina, voiture
Espagne, España, Spagna, Spain, Spanien.

4

Abecedario español: escribe las letras y los nombres.
zeta - erre - ese - pe - equis - ene - a - cu - erre doble - elle - che - i griega - be - hache - jota - eme - ge - efe - e - uve - i - ce - ka - u - de - eñe - o - ele - te - uve doble

LETRA	NOMBRE	
		Argentina
		Bolivia
		Cuba
		Chile
D, d	de	Santo **D**omingo
		Ecuador
		Filipinas
		Guatemala
		Honduras
		Islas Canarias
		San **J**uan
		Ti**k**al
		Lima
		Va**ll**adolid

		Madrid
		Nicaragua
		Espa**Ñ**a
		Oviedo
		Perú
		Quito
		Mé**R**ida
		Co**RR**ientes
		Salvador
		Tegucigalpa
		Uruguay
		Venezuela
		Wolframio
		Tu**X**tla
		Yucatán
		Zaragoza

¿Cómo se escribe tu nombre? Di las letras en español.

5 **Escucha estas palabras y fíjate en su sonido.**

/K/	/θ/	/G/	/χ/
copa	zapato	gato	ángel
que	cesta	agua	página
aquí		guerrilla	jarra

Ahora escucha e intenta ordenar estas.

1

2

Comprueba cómo has escrito las palabras.

3

4

5

6

7

8

C +	a	cámara (1)
	o	colonia, copa
	u	cuco
QU +	e	queso (2), que
	i	química, aquí
Z +	a	zar, zapato (3)
	o	zona
	u	zumo
C +	e	cero, cesta (4)
	i	cine
G +	a	gasolina, gato (5)
	o	gorila (6)
	u	gusto
GU +	e	guerrilla, guerra
	i	guitarra (7), águila
J +	a	jamón (8), jarra
	e	jefe
	i	jirafa (9)
	o	José
	u	Julia
G +	e	general
	i	gimnasia (10)

10

9

6 Relaciona.

Versión Mercosur págs. 136-138

LA DIVERSIDAD: *to*

MARTIN LUTHER KING
Nobel de la Paz

ALBERT EINSTEIN
Nobel de Física

NAGUIB MAHFOUZ
Nobel de Literatura

STEPHEN W. HAWKING
Físico y Matemático

CARMEN AMAYA
Bailaora

OSCAR WILDE
Escritor

JORGE VALDANO
Campeón del Mundo de Fútbol

TODOS SOMOS CIUDADANOS DEL MUNDO

POR TODAS Y TODOS, UN RESPETO.

Extracto y adaptación documento Campaña "Democracia es Igualdad"

Mapa mental

Una caña

Un café solo

Pedir en un bar

Saludar

¡Hola!

Buenos días

Buenas tardes

Buenas noches

Vas a aprender a....

¡Adiós!

¡Hasta luego!

¡Hasta mañana!

¡Hasta la vista!

Despedirte

Me llamo...

Soy de...

Trabajo como...

Soy...

Estudio...

Informar

Preguntar

nombre

¿Cómo te llamas?

profesión

¿Qué haces?

origen

¿De dónde eres?

s somos extranjeros

Mira estas fotos. Primero imagina cómo se llama, de dónde es, qué hace cada persona. Luego escucha la cinta o mira el vídeo y completa la información.

vídeo

audio

1

Nombre: ....
País de origen: Marruecos
¿Por qué estás en España?:
Tengo un ....

2

3

Nombre: ....
País de origen: ....
¿Qué haces en España?:
Estudio español en la Universidad.

Nombre: *Sue*
País de origen: ....
¿Qué haces en España?:
Trabajo de ....

4

Nombre: ....
País de origen: ....
¿Para qué estás en España?:
Estoy aquí de vacaciones.

5

6

Nombre: ....
País de origen: ....
¿Por qué estás en España?:
Soy refugiado...............................

7

8

Nombre: ....
País de origen: ....
¿Para qué estás en España?:
Para buscar trabajo.

Nombre: *Sra. Vázquez*
País de origen: ....
Profesión: ....

Nombre: ....
País de origen: ....
Actividad: ....

Relaciona

&

ALEMANIA •	• Estadounidense
CANADÁ •	• Francés/francesa
ESPAÑA •	• Inglés/inglesa
FRANCIA •	• Canadiense
ITALIA •	• Japonés/japonesa
INGLATERRA •	• Chileno/chilena
JAPÓN •	• Nigeriano/nigeriana
MARRUECOS •	• Polaco/polaca
NIGERIA •	• Español/española
POLONIA •	• Mexicano/mexicana
PERÚ •	• Italiano/italiana
CHILE •	• Alemán/alemana
MÉXICO •	• Marroquí
ESTADOS UNIDOS •	• Peruano/peruana

órbita

TEMA 1. LA DIVERSIDAD

1a

Escucha estos diálogos e identifica a estas personas. ¿De dónde son? ¿Qué hacen?

vídeo

audio

Versión Mercosur pág. 136

1

2

- ¡Hola!, yo soy Ahmed, y tú, ¿cómo te llamas?
- Sue, ¿qué tal?
- Bien, ¿y tú?

- Y tú, ¿de dónde eres?
- Mexicana.
- Pero, ¿de dónde?
- De Guadalajara.
- ¡Ah!, yo vivo en Tokio, pero ahora estudio español en la Universidad de Salamanca. Y tú, ¿qué haces?
- Pues estoy aquí de vacaciones.

4

3

- Buenas tardes, soy la señora Vázquez, de Argentina.
- Mucho gusto, yo Wilson Ogbomoso.
- ¡Perdón!, ¿cómo se llama usted?
- Ogbomoso, Wilson Ogbomoso.
- ¿Ogbomoso?, ¿de dónde es usted?
- De Nigeria.
- Y, ¿a qué se dedica?
- Bueno, es que soy refugiado político.

- ¡Hola!, yo soy Klaus. ¿Y tú?
- Yo, Manuel. ¿Qué tal?

Observa

PARA SALUDAR Y DESPEDIRSE

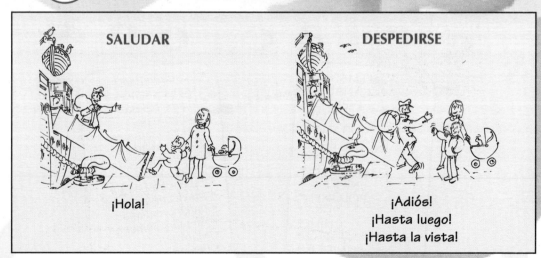

SALUDAR

DESPEDIRSE

¡Hola!

¡Adiós!
¡Hasta luego!
¡Hasta la vista!

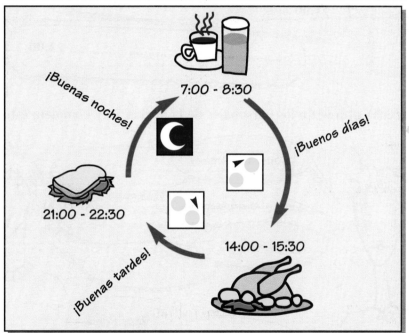

2

¿Cómo se dice en español?

	SALUDAR	DESPEDIRSE	PREGUNTAR EL NOMBRE	DECIR EL NOMBRE
FORMAL				
INFORMAL				

3

Saluda o despídete en estas situaciones.

9:30 ¡Hola!, buenos días, ¿cómo está usted?

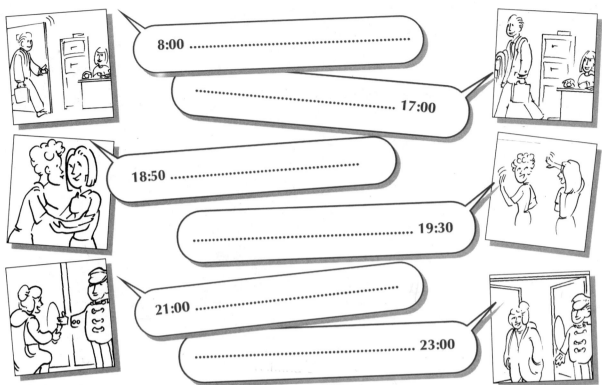

4

Escucha otra vez a los personajes de la página 14 y completa estos diálogos.

órbita

TEMA 1. LA DIVERSIDAD

$\frac{1}{\&}$ Relaciona

Págs. 13 y 14

1

Sue

2

Ahmed

3

Manuel

8

Guadalupe

- *"Soy técnica telefónica".*
- "Soy refugiado político".
- "Estudio en la Universidad".
- "Trabajo como consultora en City bank".
- "Tengo un restaurante".
- "Estoy en paro".
- "Soy profesor de español".
- "Trabajo de *au-pair* en una familia española".

4

Inés Vázquez

7

Klaus

6

Wilson Ogbomoso

5

Makiko

Observa

PARA HABLAR DE LA PROFESIÓN

PREGUNTAR POR LA PROFESIÓN	¿A qué te dedicas? ¿A qué se dedica (Vd.)? ¿Qué haces?		
DECIR LA PROFESIÓN	Trabajo como/de	{ au-pair en... { consultora en...	{ una familia española { un banco
	Soy	{ ingeniero { estudiante	
	Estudio	{ español { medicina	
	Estoy en paro.		

2 Pregúntale a tu compañero/a por su profesión, después cuéntaselo a la clase.

Ej.: Es........................ Estudia.................. Trabaja como/de....................

3 Colócate en círculo con tus compañeros/as y representa con mímica en el centro una profesión. Los demás tienen que adivinarla.

4 Ordena estas profesiones por más o menos simpáticas y puntúalas.

| 0 a 4 = SUSPENSO |
| 5 a 6 = APROBADO |
| 7 a 8 = NOTABLE |
| 9 a 10 = SOBRESALIENTE |

5 Ahora compara tus resultados con estos de los españoles.

Las profesiones más simpáticas

1. Artistas	7,61	NOTABLE
2. Escritores/as	7,46	
3. Médicos/as	7,31	
4. Enfermeros/as y ATS	7,13	
5. Maestros/as y profesores/as	6,95	APROBADO
6. Dentistas	6,06	
7. Policías	5,74	
8. Empresarios/as	5,17	
9. Abogados/as	4,93	SUSPENSO
10. Militares	4,49	
11. Sacerdotes y religiosos/as	4,47	
12. Banqueros/as	3,43	

6 Muévete por la clase e infórmate según tu papel, A o B.

A

ESTUDIANTE

Nombre de tus compañeros/as y su profesión o estudios:
1. John es estudiante.
2. Mary es funcionaria.
3. ....

B

ESTUDIANTE

Nombre de tus compañeros/as y empresa donde trabajan o lugar donde estudian:
1. John estudia en una universidad privada.
2. Mary trabaja en un Ministerio.
3. ....

1 &

Marca con una ----→ si hablan de USTED.

——→ si hablan de TÚ.

Relaciona

Observa

PARA CONOCERSE

¿Cómo te llamas?

¿De dónde eres?

¿Dónde vives?

¿Qué haces?

¿Cómo se llama?

¿De dónde es usted?

¿Dónde vive?

¿Qué hace usted?

	LLAMARSE	VIVIR	HACER	SER	TENER
(Yo)	me llamo	vivo	hago	soy	tengo
(Tú)	te llamas	vives	haces	eres	tienes
(Usted)	se llama	vive	hace	es	tiene
(Ella)	se llama	vive	hace	es	tiene
(Él)	se llama	vive	hace	es	tiene

@

2 Juego de parchís. Tira el dado y muévete por el tablero. En la casilla en la que caigas, tienes que completar la frase. Gana el primero en llegar al final.

Ella (VIVIR) en ....

Usted (SER) ....

¿Cómo (LLAMARSE) él?

Ella (TENER) una tienda

¿De dónde (SER) tú?

¿(TENER) tú un negocio?

¿Cómo (LLAMARSE) tú?

Yo (SER) de ....

META

Ella (SER) médica

Usted (LLAMARSE) ....

YO (VIVIR) en.................

¿Qué (HACER) él?

¿Qué (HACER) él?

Yo (SER) ....

Yo (SER) ....

Tú (VIVIR) en ....

¿Qué (HACER) tú?

Yo (VIVIR) en.................

Yo (LLAMARSE) ....

¿De dónde (SER) ella?

¿Tú (SER) Antonio?

¿(SER) usted de China?

¿Cómo (LLAMARSE) usted?

SALIDA

3 Elige a una de estas personas, tu compañero/a te hace preguntas y adivina quién es.

Antonio Banderas
ESPAÑA, actor de cine

Julio Iglesias
ESPAÑA, cantante

Gabriel García Márquez
COLOMBIA, escritor

Andy García
CUBA, actor de cine

PISTAS

¿De dónde es?
¿Qué hace?

Gloria Estefan
CUBA, cantante

Isabel Allende
CHILE, escritora

práctica global

órbita 1

① Observa un carnet de identidad español.

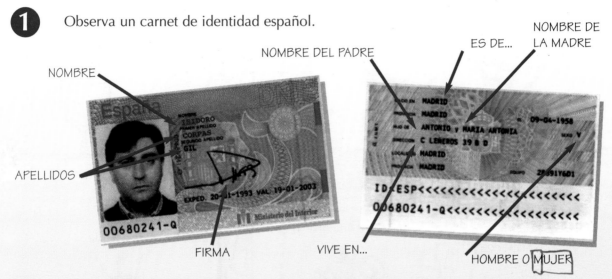

NOMBRE DEL PADRE
ES DE...
NOMBRE DE LA MADRE
NOMBRE
APELLIDOS
FIRMA
VIVE EN...
HOMBRE O MUJER

② Eres una persona de la FIESTA DE ENCUENTRO (Pág. 14). Elige una nueva personalidad con estos datos y luego haz tu carnet de identidad como el de este español.

¿CÓMO TE LLAMAS?	¿CUÁLES SON TUS APELLIDOS?	¿DE DÓNDE ERES?	¿NOMBRE DE LOS PADRES?	¿DÓNDE VIVES?
Manuel	García	Sevilla	Gonzalo	C/ Tranvía, 4
Ricardo	Pérez	Barcelona	Enrique	C/ Leganitos, 7
Julio ♂	González	Tarragona	Miguel	C/ Cruz, 9
Pedro	Ridruejo	Bilbao	Alberto ♂	Pza. Dolores, 5
José	Castro	Lugo	Jorge	Pza. del Mercado, 8
	Molins	Caracas		C/ San José, 3
Elena	Benegas	Salamanca	Teresa	Avda. América, 2
Patricia ♀	Cabreira	Badajoz	Mercedes	C/ Islas Canarias, 10
Charo	Sigüenza	Buenos Aires	Marta ♀	Avda. Corrientes, 25
Carmen	Mendoza	Antigua	Nuria	Puerta del Sol, 3
Almudena	Vargas	Quito	Alicia	C/ Leñeros, 33

③ Habla primero con tus compañeros/as y busca a alguien con algo en común contigo. Luego cuenta cosas en común:

Ej.: Yo me llamo Manuel y él también.

órbita

1

Esto es lo que se toma en España en los bares. Mira y marca lo que coincida con tu país.

Compara

POR LA MAÑANA
10:00 - 11:30

un café con leche
un café solo
un café cortado
un zumo de naranja
un té con limón
unos churros

AL MEDIODÍA
En el aperitivo 13:00 - 14:00

una cerveza
un vino tinto
un pincho de tortilla
un refresco
unas tapas

2

Ahora escucha este diálogo o mira el vídeo.

vídeo

audio

- Buenos días, ¿qué les pongo?
- Tú, ¿qué quieres?
- Yo, uno solo.
- Uno solo y uno con leche.
- En seguida. ¿Algo para comer?
- ¿Unos churros?
- Vale.
....
- ¿Cuánto es?
- 350.
- Gracias.

3

Responde.

- *¿Qué toman?*

Un café solo ☐	Un café cortado ☐	Un café con leche ☐
Un refresco ☐	Un bollo ☐	Unos churros ☐
Un pincho de tortilla ☐		

- *¿Qué dice el camarero?*
- *¿Qué dice el cliente para pagar?*

@

PARA PEDIR EN UN BAR

Camarero/a	Cliente/a
¿Qué le/les pongo?	Uno solo
¿Qué desea/an?	Un agua con gas
¿Qué va a ser?	Unos churros
¿Algo más?	

PARA PAGAR

Cliente/a	Camarero/a
¿Cuánto es?	Son...

4

&

¿Te has fijado en que para pedir un café con leche dicen *"Uno con leche"*?

Relaciona

un café con leche
un café solo
un café cortado
un vino tinto
un vino blanco
un vino rosado
una cerveza
una ración de churros

un tinto
una caña
uno con leche
un blanco
un cortado
unos churros
uno solo
un rosado

5

Imagina cómo se dice en español y completa.

1. uno 2. 3. 4. 5. 6. 7. 8. 9. 10. diez

11. 12. doce 13. 14. 15. quince 16. 17. 18. 19. 20. veinte

21. veintiuno 22. 30. treinta 31. treinta y uno 40. cuarenta 41. 50. cincuenta 60. 70. setenta 80. 90.

100. cien 101. ciento uno 200. doscientos 300. 400. 500. quinientos 600. 700. 800. 900. 1000.

seis

6

Escribe estos números.

Ej.: 1245 mil doscientos cuarenta y cinco.

786   421   65   222   18

99   159   2001   354   15

7

Tú y tu compañero/a, uno/a es un camarero/a y otro/a un cliente/a. El cliente/a elige lo que quiere tomar. Desarrolla la situación.

1 Fíjate en estos verbos y organízalos. ¿Cómo puedes hacerlo?

ESCRIBIR LEER VIVIR BEBER ESCUCHAR PREGUNTAR ABRIR COMER HABLAR TRABAJAR APRENDER

2 Completa el esquema.

	TRABAJAR	COMER	VIVIR
(Yo)	trabajo	como	vivo
(Tú)	trabajas	comes	vives
(Usted/él/ella)	trabaja	~~trabaj~~ come	vive
(Nosotros/as)	trabajamos	comemos	vivimos
(Vosotros/as)	trabajáis	coméis	vivís
(Ustedes/ellos/ellas)	trabajan	comen	viven

	TENER	QUERER	LLAMARSE
(Yo)	tengo	quiero	me llamo
(Tú)	....	....	....
(Usted/él/ella)	....	....	....
(Nosotros/as)	tenemos	queremos	nos ......
(Vosotros/as)	tenéis	....	os ......
(Ustedes/ellos/ellas)	tienen	....	se ....

3 Tira el dado y di las formas.

Ej.: ABRIR  *= nosotros/as abrimos.*

ABRIR
APRENDER
BEBER
COMER
ESCRIBIR
ESCUCHAR
HABLAR
LEER
PREGUNTAR
TRABAJAR
VIVIR
LLAMARSE

 = yo

 = tú

= él/ella/Vd.

 = nosotros/as

 = vosotros/as

  = ellos/ellas/Vds.

4

Aquí tienes una familia.
Imagina quién es quién.

PISTAS

♂   ♀

Padre   Madre
Hermano   Hermana
Hijo   Hija
Novio   Novia
Marido   Mujer

LA FAMILIA DE CARLOS IV
Francisco de Goya. Siglo XIX
(Museo del Prado, Madrid)

5

En parejas.

ESTUDIANTE **A**

Pregunta a tu compañero/a y después escríbelo:
¿Dónde vive?
¿Vive solo/a?
¿Tiene familia?
Nombres de los familiares.
¿Tiene perro, gato, etc.?

ESTUDIANTE **B**

Pregunta a tu compañero/a y después escríbelo:
Nombres y profesiones de:
• padre
• madre
• hermanos/as.
• novio/a

Ahora presenta a
tu compañero/a.

Éste es Hans.
Hans vive solo. Su madre se llama Elke y su padre se llama Günther. Tiene dos hermanos, Matthias y Armin. No tiene perro, pero tiene un gato, Mützi.

6

Estos personajes famosos hablan español. Adivina quién es quién.

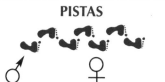

1

A. Poeta famoso - Ministro de Cultura cubano - Negro

3

2   Carmen Amaya

Rigoberta Menchú

C. Artista - Bailaora famosa - Gitana

B. Escritor - Autor de El Quijote - Judío

4

D. Defensora de los indios - Premio Nobel de la Paz - Indígena

Miguel de Cervantes

Nicolás Guillén

¿Hablan tu lengua personas de otras culturas?
¿En tu país viven ciudadanos de otras culturas?, ¿en qué trabajan?

1 Elige a una de estas personas. Con fantasía piensa cómo se llama, de dónde es, qué hace, etc.

Nombre Nacionalidad Profesión Domicilio Sexo etc.

A

B

C

D

E

2 Escribe un diálogo con esta persona: estás en un bar y hablas con ella.

① Rellena este formulario con los datos de tu compañero/a.

EXTRANJEROS
Régimen General no Laboral

ESPAÑA

NIE _____

(Sello de registro de entrada)

Fotografía

Tu información

SOLICITANTE

1.er Apellido (1.er Nom, 1er Surname)

2.º Apellido (2.º Nom, 2.º Surname)

Nombre (Prénoms, Given names)

Apellido de nacimiento (Nom de naissance, Surname of Birth)

Profesión

Nacionalidad actual

Lugar de nacimiento

País de nacimiento

Fecha de nacimiento   Sexo   E. Civil

Nombre del padre   Nombre de la madre

Tu casa

DOMICILIO EN ESPAÑA   N.º   Dto. Postal   Teléfono (con prefijo)

Calle o plaza

Provincia

Localidad

Tu familia

FAMILIARES A SU CARGO (1) (2)   NIE   Nació el

Cónyuge: Apellidos y Nombre

Núm. de hijos menores de 18 años
o mayores que vivan a sus expensas   Núm. de ascendientes   Otros familiares

MENORES DE 18 AÑOS O INCAPACITADOS A SU CARGO CUYA INCLUSION SE SOLICITA (2)   NIE   Nació el

Apellidos y Nombre

DOC-EX 140

PERSONA DE LA QUE DEPENDE (3)   NIE   Nació el

Apellidos y Nombre

SOLICITA

- 21 ☐ Prórroga de estancia
- 22 ☐ Permiso de residencia inicial
- 23 ☐ Permiso de residencia ordinario
- 24 ☐ Permiso de residencia especial
- 25 ☐ Permiso de residencia para refugiados
- 26 ☐ Tarjeta de estudiante
- 27 ☐ Cédula de inscripción
- 28 ☐ Certificado de residencia (4)
- 29 ☐ Otros certificados (5)

OBSERVACIONES

_____, a _____ de _____ de 19___

Firma del solicitante,

Huella

Resolución de la solicitud

Clase:

21 22 23 24 25 26 27 28 29
☐   ☐   ☐   ☐   ☐   ☐   ☐   ☐   ☐

Fecha concesión

Fecha caducidad

Nº de serie
de la cartulina

NOTAS:
(1) Se rellenará solamente en el caso de que el solicitante tenga familiares a su cargo y vayan a residir con él.
(2) Por cada una de las personas relacionadas —a cargo del solicitante— se deberá presentar un impreso individual de solicitud.
(3) A rellenar sólo por aquellos solicitantes que dependan económicamente de una persona que sea titular de algún permiso que legalice su estancia en España o lo tenga en trámite de solicitud.
(4) Deberá hacerse constar en el espacio reservado a observaciones el motivo por el que se solicita y el lugar en que debe presentarse
(5) Especificar en el espacio reservado a observaciones la solicitud de que se trate

EJEMPLAR PARA LA
DEPENDENCIA POLICIAL
QUE TRAMITA EL
EXPEDIENTE

1

[350 m

Desde 1978 España está dividida en 17 comunidades autónomas. En España se hablan cuatro lenguas: el español o castellano en todo el país, el euskera en el País Vasco y en Navarra, el catalán en Cataluña, Valencia y Baleares y el gallego en Galicia.
En España viven más o menos 39 millones de españoles y también viven inmigrantes de todo el mundo.

Map labels: ASTURIAS, CANTABRIA, LA RIOJA, NAVARRA, FRANCIA, GALICIA, ARAGÓN, PORTUGAL, CASTILLA LA MANCHA, PAÍS VALENCIANO, MURCIA, EXTREMADURA

grupo A

1. Completa los nombres de las autonomías que faltan.
2. Marca o pinta en colores distintos las comunidades que hablan otra lengua además del castellano.
3. Escribe en el mapa el número de inmigrantes en cada autonomía.
4. Informa de los resultados al grupo B.

DISTRIBUCIÓN DE INMIGRANTES POR COMUNIDADES AUTÓNOMAS

- Melilla 8
- Ceuta 24
- Cantabria 320
- Navarra 355
- La Rioja 383
- Asturias 465
- Galicia 1.116
- País Vasco 1.130
- Castilla y León 1.303
- Extremadura 1.618
- Castilla - La Mancha 1.707
- Aragón 1.841
- Baleares 3.118
- Canarias 3.333
- Murcia 5.220
- C. Valenciana 7.449
- Andalucía 10.689
- Cataluña 32.779
- Madrid 36.456

PROCEDENCIA INMIGRANTES

Polonia	3.312	Otros americanos	3.005
Portugal	1.184	Marruecos	48.284
Europa Occidental	2.299	Argelia	3.043
Europa del Este	1.395	Senegal	2.080
Estados Unidos	1.031	Gambia	2.039
Colombia	2.135	Otros africanos	4.255
Brasil	1.503	China	4.061
Chile	2.331	Filipinas	2.612
Uruguay	1.492	Otros asiáticos	3.132
Perú	5.677	Oceanía	89
Argentina	7.415	Sin nacionalidad	450

Explica cómo es en tu país: lenguas,

En América, en 19 países el español es lengua oficial, pero en muchos se hablan otras lenguas: el guaraní (lengua oficial, con el español, en Paraguay), el quechua, el aymará, el nahuatl, el araucano, etc. También se habla español en Filipinas y en Guinea Ecuatorial.

Para muchos habitantes de los Estados Unidos el español es la lengua materna.

grupo B

1. Escribe en el mapa los nombres de los países que faltan.
2. Marca o pinta los países en los que se habla español.
3. Escribe los datos étnicos de población más importantes.
4. Informa de los resultados al grupo A.

DISTRIBUCIÓN ÉTNICA DE LA POBLACIÓN

	% Blancos	% Mestizos	% Negros	% Mulatos	% Amerindios	% Otros
Argentina	98	1,9	-	-	0,1	-
Bolivia	15	31	-	-	45	9
Chile	-	-	-	-	-	-
Colombia	20	58	4	14	1	3
Costa Rica	86,8	7	-	-	-	6,2
Cuba	66	-	12	21,9	-	0,1
Ecuador	8	40	-	-	51,5	0,5
El Salvador	1	94	-	-	5	-
Guatemala	4	42	-	-	53	1
Honduras	1	90	5	-	4	-
México	15	55	-	-	30	-
Nicaragua	14	69	8	-	4	5
Panamá	12	59,9	14	-	7,5	7
Paraguay	1,7	90,8	-	-	3	4,5
Perú	12	32	-	-	54,2	1,8
R. Dominicana	15	-	10	75	-	-
Uruguay	90,2	3	-	1,2	-	5,6
Venezuela	20	69	9	-	2	-

Según datos del Anuario Iberoamericano. 1995.

regiones, población inmigrante, razas, etc.

♥ Un encuentro especial. Explícalo.

♥ Dibuja otro encuentro inesperado. Es un encuentro especial, por ejemplo, con un dinosaurio, con un fantasma, con un león ...

PISTAS

¿Dónde estás? - ¿Qué haces? - ¿Qué o a quién te encuentras? - ¿Cómo te saluda?

Con la

 En esta unidad has aprendido:

• **VOCABULARIO.** Recuerda las palabras.

de las profesiones	médico/a

del bar	

de la familia	

• **GRAMÁTICA.** Recuerda los verbos.

	SER	QUERER	TENER	LLAMARSE	BEBER	VIVIR
(Yo)				me llamo		
(Tú)						
(Usted/él/ella)						
(Nosotros/as)						
(Vosotros/as)						
(Ustedes/ellos/ellas)						

sois · sois · somos · SER · soy · es · eres

• **¿CÓMO SE DICE?** Recuerda las expresiones para:

Preguntar nombre/profesión/origen	

Pedir una cosa en el bar	

Pedir la cuenta	

1. Ordena este diálogo.

☐ *Yo, de Barcelona, ¿y tú?*
☐ *¡Hola!, yo soy María, ¿qué tal?*
☐ *Soy médica.*
☐ *¿De dónde eres?*
☐ *¿Y qué haces?*
☐ *¡Hola!, yo Juan.*
☐ *Pues yo soy de Nicaragua.*

2. Completa. (Pon la persona Tú)

¿Cómo ....?
¿De dónde ....?
¿Qué ....?

3. Mira estas tarjetas y completa la información.

1
Rosa Sanchís Esquivel

Cantante

Avenida Arequipa, 3496
Lima 27, PERÚ

2
CLASES DE PIANO

José Pecharromán Martín

Tel. 936 312 010

3
Ana Sánchez López

Quiromasajista

4
Ramón Fernández Fábrica
Médico estomatólogo

Clínica Fortuna
C/ Fortuna, 41. 28010 Madrid. Tel. 915 231 026
Fax: 915 521 028

5
Osvaldo Miravalles
Psiquiatra

Avda. Pacífico 2945
Córdoba

6
Cecilia Juárez Paredes
Directora Administrativa

*Banco Central Hispano
Polanco (México D. F.)*

	¿Cómo se llama?	¿Qué hace?	¿Dónde trabaja?
1.			
2.			
3.			
4.			
5.			
6.			

Ahora haz tu tarjeta.

4. Lee estos diálogos. ¿Es tú o usted?

1. • ¡Hola, buenos días!, ¿cómo se llama?
• *Me llamo Ponte, Eva Ponte.*

3. • ¿Cómo te llamas?
• *Antonio.*
• ¿Y qué haces?
• *Soy arquitecto.*

2. • ¡Hola!, ¿cómo te llamas?
• *Yo, Jesús.*

4. • ¿Y a qué te dedicas?
• *Soy escritora, escribo poesía.*

5. • ¿De dónde es?
• *Yo soy de Lima, pero vivo en México.*

6. • ¿Y qué hace?
• *Soy ingeniero.*
• Ah, ¿y a qué se dedica?
• *Soy ingeniero de caminos.*

	TÚ	USTED
1. ¿Cómo se llama?		**X**
2.		
3.		
4.		
5.		
6.		

5. Haz las preguntas a estas personas en Tú o en Usted.

¿Cómo se llama? / ¿Cómo te llamas?
¿De dónde es? / ¿De dónde eres?
¿Qué hace? / ¿Qué haces?

1

2

3

4

6. Busca 13 palabras del bar.

SOPA DE LETRAS

```
A R W Z U P R T E K L
B Q P A M Q B R P C V
H M T Z U M O A R H T
J Ñ L E C H E C S U O
G T W T I E V I T R S
M X Ñ U A Ñ P O B R T
E M V I N O F N O O A
F B K C J M G H L S D
A X Q D R C T Y L S A
C A Ñ A S N U W O Z T
B O C A D I L L O U W
Y R A T A P A M D F X
L U Q H C O R T A D O
R X T O R T I L L A Z
```

7. Marca la raíz y la terminación.

Abr *o*

lee   leemos   vives   se llaman   preguntan

bebe   bebemos   aprendemos   me llamo

escribe   vivo

comen   preguntamos   preguntas   abres

habla

habláis   aprendes   escribís   escucho

comes   escuchamos   escriben

8. Mira estos billetes. ¿Cuánto suman?

9. Escucha y marca:

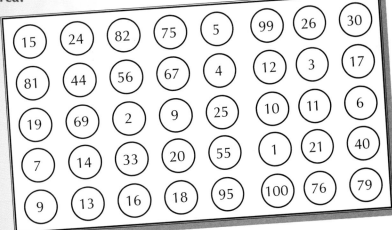

15	24	82	75	5	99	26	30
81	44	56	67	4	12	3	17
19	69	2	9	25	10	11	6
7	14	33	20	55	1	21	40
9	13	16	18	95	100	76	79

10. Relaciona las frases con las profesiones y haz frases nuevas.

a. Hacer muchos números y trabajar en un banco.
b. Enseñar español en una escuela.
c. Trabajar en un hospital.
d. Ser periodista.
e. Vender medicinas.
f. Trabajar en la calle.
g. Escribir novelas.

1

TAXISTA

2

BANQUERO

3

PERIODISTA

4

ENFERMERO

5

MAESTRA/PROFESORA

6

ESCRITOR

7

FARMACÉUTICA

Ej.: *e-7. Ella se llama Julia, es farmacéutica y vende medicinas.*

11. ¿El o La?

☐ día
☐ caña
☐ profesora
☐ universidad

☐ café
☐ bollo
☐ tortilla
☐ nombre

☐ escritor
☐ profesor
☐ tapa
☐ ración

Versión Mercosur, págs. 139-144

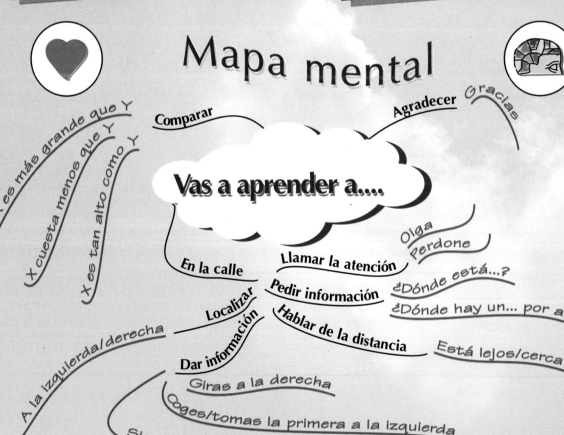

Mapa mental

Comparar
- X es más grande que Y
- X cuesta menos que Y
- X es tan alto como Y

Agradecer — Gracias

Vas a aprender a....

Llamar la atención
- Oiga
- Perdone

En la calle

Pedir información
- ¿Dónde está...?
- ¿Dónde hay un... por aquí cerca?

Hablar de la distancia
- Está lejos/cerca

Localizar
- A la izquierda/derecha

Dar información
- Giras a la derecha
- Coges/tomas la primera a la izquierda
- Sigues todo recto

por un hábitat mejor

Observa las ilustraciones. ¿Qué son?

& Relaciona

alimentos naturales
anonimato
casas con jardín
contaminación
estrés
hospitales grandes
jóvenes
monotonía
naturaleza
pisos
posibilidades de trabajo
ruido
tráfico
tranquilidad
vida cultural
vida nocturna

EN LA CIUDAD HAY
EN LA CIUDAD NO HAY

EN EL CAMPO HAY
EN EL CAMPO NO HAY

¿Dónde prefieres vivir, en el campo o en la ciudad? ¿Por qué?

Ej.: Yo prefiero vivir en el campo porque no hay ruido.

1 Escribe los números que corresponden.

- [ ] EL BUZÓN
- [ ] EL ESTANCO
- [ ] LA CALLE
- [ ] EL METRO
- [ ] CORREOS
- [ ] EL SUPERMERCADO
- [ ] LA AVENIDA
- [ ] EL BANCO
- [ ] EL CINE
- [ ] LA FARMACIA
- [ ] LA PARADA DE AUTOBÚS
- [ ] LA CABINA DE TELÉFONOS
- [ ] EL BAR
- [ ] LA PLAZA

2 Entonces...

¿adónde vas para...

ver una película	comprar tabaco
comprar sellos	comprar medicinas
hablar por teléfono	tomar el autobús
tomar un café	enviar una carta
abrir una cuenta	enviar paquetes
cobrar un cheque	comprar alimentos

A + EL... = AL
A + LA... = A LA

IR   yo voy a

Ej.: Para comprar sellos voy al estanco.

3
Mira esta imagen. ¿Qué hacen?

4
Escucha la cinta o mira el vídeo.

- Oiga, por favor, ¿hay una farmacia por aquí cerca?
- Vamos a ver... mmm... ¡Ah, sí! Mira, coges la primera calle a la derecha y sigues todo recto unos cien metros. Allí hay un supermercado muy grande; justo al lado hay una farmacia.
- Entonces, cojo la primera a la derecha, sigo todo recto y al lado del "super" está la farmacia, ¿no?
- Sí, eso es.
- Gracias.

Contesta a estas preguntas.

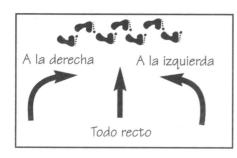

A la derecha   A la izquierda

Todo recto

1. ¿Qué busca esta persona?
2. ¿Cómo pregunta?
3. ¿Cómo indica el camino su interlocutor?
4. ¿Dónde está la farmacia?

Observa

	USTED	TÚ
LLAMAR LA ATENCIÓN	Oiga Oiga, por favor Por favor	Oye Por favor
PEDIR INFORMACIÓN	¿Hay un/-a..... por aquí cerca? ¿Dónde está el/la.....?	
DAR INFORMACIONES	Giras a la derecha/a la izquierda Coges/Tomas la primera calle a la derecha/a la izquierda Sigues todo recto	
HABLAR DE LA DISTANCIA	Está cerca/lejos/al lado de...	
LOCALIZAR	A la izquierda (*de*)/a la derecha (*de*) Delante (*de*)/detrás (*de*)	
CONFIRMAR QUE SE HA ENTENDIDO	Entonces....	
AGRADECER	Gracias/Muchas gracias.	

@

5

Piensa en tres lugares y pregunta a tu compañero/a cómo vas. Él/ella te contesta.

Ej.: • ¿Hay un restaurante por aquí cerca?
• Sí, la primera a la derecha / Sí, aquí a la derecha.

Estás aquí.

6

Vamos a trabajar en parejas.

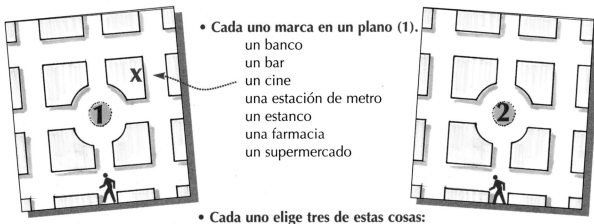

• **Cada uno marca en un plano (1).**
  un banco
  un bar
  un cine
  una estación de metro
  un estanco
  una farmacia
  un supermercado

• **Cada uno elige tres de estas cosas:**
  Comprar medicinas / Ver una película
  Tomar un café / Comprar unos sellos
  Sacar dinero / Comprar comida

• **Cada uno pregunta a su compañero/a dónde puede hacerlas según su plano y las marca en este plano (2).**

Si no sabes si hay cerca algo: ¿Hay un bar por aquí cerca?
Si buscas el lugar donde hay algo: ¿Dónde está el bar "La taza"?

• **Compara tu plano con el de tu compañero/a.**

7

En grupo explica a tus compañeros cómo es tu barrio. Por ejemplo, qué hay delante, detrás y a los lados de tu casa.

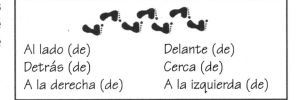

Al lado (de)	Delante (de)
Detrás (de)	Cerca (de)
A la derecha (de)	A la izquierda (de)

órbita

Observa

1 ¿Cómo se dice en español?

	PARA LLAMAR LA ATENCIÓN	PARA DAR UNA EXPLICACIÓN
FORMAL		Sí, mire...
INFORMAL	Oye, perdona...	

2 ¿Cómo preguntas a estas personas por una farmacia, un bar, un estanco?

3

Mira este plano de Madrid y elige tres lugares a los que quieras ir.
Por ejemplo, estás en la Puerta del Sol y estás hablando con las personas de la actividad 2.

● Oiga, por favor, ¿dónde está el Palacio Real?

● Pues mira, sigues todo recto por la calle Arenal y llegas a la Plaza de Oriente. Allí enfrente está el Palacio Real.

Escribe tres diálogos con tu compañero/a.

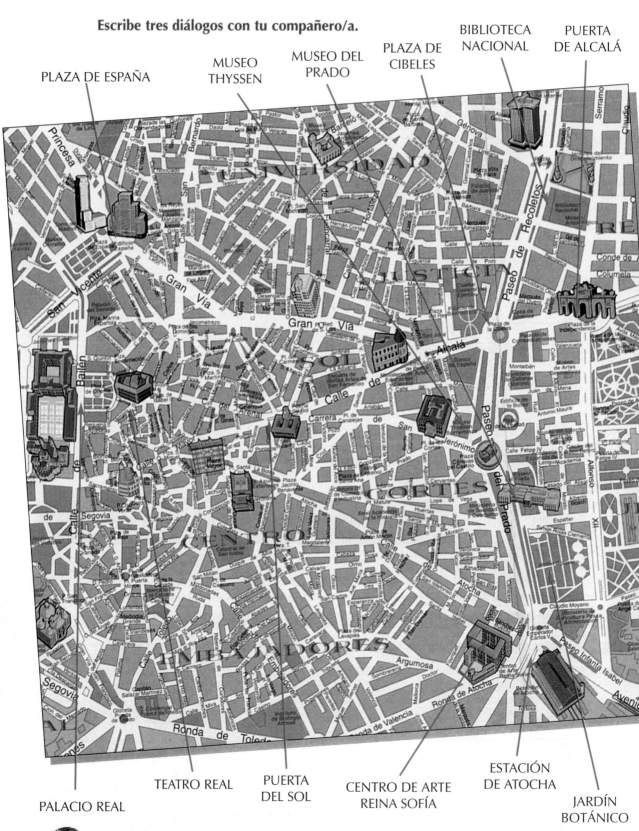

PLAZA DE ESPAÑA

MUSEO THYSSEN

MUSEO DEL PRADO

PLAZA DE CIBELES

BIBLIOTECA NACIONAL

PUERTA DE ALCALÁ

TEATRO REAL

PUERTA DEL SOL

CENTRO DE ARTE REINA SOFÍA

ESTACIÓN DE ATOCHA

JARDÍN BOTÁNICO

PALACIO REAL

órbita

Gramática activa

1
vídeo
audio

Ahora, escucha la cinta o mira el vídeo y marca los lugares de los que habla Inés Vázquez.

• Para mí, la vida en la ciudad es muy interesante. Hay muchos cines, teatros... hay una variada oferta cultural. Hay muchas posibilidades de diversión y de trabajo. Hay importantes museos, buenos restaurantes, muchos cines y teatros. Por ejemplo, en Madrid tengo todo lo que necesito: al lado de mi casa hay una panadería, a cien metros hay un estanco; en metro, en cinco minutos, llego al Centro de Arte Reina Sofía. Muy cerca está el Museo del Prado y enfrente está el Museo Thyssen, y cerca está la Biblioteca Nacional. Muchos cines y teatros también están en esa zona.

Escucha otra vez y completa.

En una gran ciudad hay ...... variada oferta cultural.

Hay ...... posibilidades de diversión y trabajo.

Hay ...... importantes museos.

Al lado de mi casa hay ...... panadería.

A cien metros hay ...... estanco.

Muy cerca está ...... Museo del Prado.

Cerca está ...... Biblioteca Nacional.

Muchos ...... teatros y cines están en la misma zona.

Compara con tu compañero/a y completa.

ESTÁN	ESTÁ	HAY un estanco
....	....	....
	....	....
		....
		....

Observa

HAY + {
un ...
una...
muchos ...
muchas ...
Ø
}

Hay un *estanco*.
Hay una *variada oferta cultural.*
Hay muchos *cines.*
Hay muchas *actividades.*
Hay *personas diferentes.*

El ...
La ...
Nombres
} + ESTÁ

El Museo Guggenheim *está en Bilbao.*
La Biblioteca Nacional *está en Madrid.*
Madrid *está en España.*

Los ...
Las ...
} + ESTÁN

Los teatros *están cerca.*
Las tiendas *están en el centro.*

@

2

Completa las frases con HAY/ESTÁ/ESTÁN.

En Madrid .... muchos bares y muchas iglesias.
Madrid .... en el centro de España.
La mayoría de los cines .... en el centro.
Al lado de mi casa .... un gran centro comercial.
.... buzones para las cartas en toda la ciudad.
En el campo .... mucha tranquilidad.
Madrid .... a 600 km de Barcelona.

3

Habla de tu ciudad.

En Barcelona hay muchos museos: por ejemplo, está el Museo Picasso. También hay varios parques: está el Güell, por ejemplo.

4

Lee este texto.

Lakabe es un pueblo que está en el Pirineo navarro. Desde 1980 un grupo de personas vive allí. Hay 14 niños y 12 adultos. La escuela más cercana está lejos del pueblo. Los adultos hacen pan integral y lo venden en la capital. También son autosuficientes. En el pueblo hay una iglesia, 8 casas, talleres y lugares para los animales. Esto es el fenómeno neo-rural: actualmente algunas personas que viven en la ciudad toman la decisión de vivir en el campo y reconstruyen pueblos abandonados.

5

Completa con HAY, ESTÁ, ESTÁN.

Lakabe .... en Navarra. Allí .... un grupo de personas de la ciudad. .... animales y un huerto. En Lakabe .... 14 niños, pero la escuela .... muy lejos del pueblo. .... algunas personas de la ciudad que viven en pueblos abandonados. Esto es el fenómeno neo-rural: volver a la vida natural.

práctica global

órbita

1 Escucha a tu profesor/-a y pon en práctica sus indicaciones.

2 Dibuja el plano de tu hábitat -ciudad o pueblo- ideal. Cuélgalo en la pared y explica a tu grupo de 4 compañeros/as qué cosas hay en él y dónde están.

órbita

TEMA 2. LA CALIDAD DE VIDA

1 Lee estas palabras.

aburrido/a - divertido/a   bonito/a - feo/a
estresante   cómodo/a - incómodo/a
ecológico/a   peligroso/a - seguro/a
ruidoso/a - tranquilo/a   romántico/a
caro/a - barato/a   grande - pequeño/a

amigos/as
vida social
pisos
soledad
integración

Con las palabras de arriba completa las frases con tu grupo.

La ciudad es
más .... que
más .... que   el pueblo
más .... que

En la ciudad hay   más .... que   en el pueblo

+

La ciudad es
menos .... que
menos .... que   el pueblo
menos .... que

−

En la ciudad hay   menos .... que   en el pueblo

La ciudad es
tan .... como
tan .... como   el pueblo
tan .... como
tan .... como

=

2 Escucha a estas dos personas, una hablando de su ciudad, otra de su pueblo. Luego contesta con verdadero (V) o falso (F).

• Yo vivo en una gran ciudad y me gusta. Para mí la vida en un pueblo pequeño... bueno, es un poco aburrida, ¿no? En la gran ciudad hay más cosas que en un pueblo: más tiendas, más cines, etc. Pero la vida en la ciudad es muy cara. Por ejemplo, la casa (el alquiler, el gas, el teléfono, etc.) me cuesta unas 100.000 pts. Y luego comer, salir, etc., es caro también. Además, hay muchísimo ruido, muchos coches, mucha gente, mucha prisa y, por eso, a veces necesito salir de la ciudad.

> • La vida en el campo es muy tranquila, no aburrida, como piensa la gente de la ciudad. Todo está cerca. Conoces a todo el mundo y te sientes más integrada. Yo, por ejemplo, voy todas las noches a un bar con mis amigas, y necesitas menos dinero que en la ciudad.

	V	F
1. Las personas de las ciudades piensan que vivir en el campo es más aburrido.	☐	☐
2. En el campo hay tantas cosas (tiendas, cines, etc.) como en la ciudad.	☐	☐
3. Para una persona de la ciudad el piso es más barato.	☐	☐
4. La vida en el campo es más tranquila que en la ciudad.	☐	☐
5. En el campo hay menos vida social (amigos, bares, etc.).	☐	☐
6. En un pueblo pequeño es más fácil sentirse integrado.	☐	☐
7. El campo es más caro que la ciudad.	☐	☐

Observa

PARA COMPARAR

MÁS .... QUE .... +
MENOS .... QUE .... -
TAN .... COMO .... =

+ bueno = mejor
+ malo = peor

pero

Lima tiene tanto tráfico como Caracas.
Madrid tiene tantos habitantes como Barcelona.
Almería tiene tantas playas como Cádiz.

Tanto/a
Tantos/as + sustantivo + **como**

En Segovia la comida cuesta tanto como en Lleida.
En Galicia llueve tanto como en Irlanda.

Tanto Ø como

Para muchas personas Granada es tan bonita como Sevilla.

Tan + adjetivo + **como**

3

Haz comparaciones entre estas viviendas de la ciudad y el campo.

ALQUILER DE VIVIENDAS

CIUDAD

1. Piso en el centro, 3 habitaciones, 100 m². 140.000 ptas. al mes.

2. Apartamento nuevo, cerca de estación de metro, 30 m². 72.000 ptas. al mes.

3. Zona residencial, chalet de lujo, 250 m². Garaje, piscina y jardín, 1.000 m². 300.000 ptas. al mes.

CAMPO

A. Casa rural, 3 habitaciones, garaje, 200 m². 75.000 ptas. al mes.

B. Casa pequeña, garaje, 50 m². 80.000 ptas. al mes.

C. Chalet adosado, cerca de la estación de tren. Jardín y garaje. 170 m². 170.000 pts al mes.

órbita

Gramática activa

Observa

Oye, perdona. ¿Hay una farmacia por aquí cerca?

Ah, gracias.

Sí, mira, sigues todo recto unos 100 metros y tomas la tercera calle a la derecha. Allí hay una.

Verbo SEGUIR

(Yo)	**sigo**
(Tú)	**sigues**
(Usted/él/ella)	**sigue**
(Nosotros/as)	**seguimos**
(Vosotros/as)	**seguís**
(Ustedes/ellos/ellas)	**siguen**

Verbo IR

(Yo)	**voy**
(Tú)	**vas**
(Usted/él/ella)	**va**
(Nosotros/as)	**vamos**
(Vosotros/as)	**vais**
(Ustedes/ellos/ellas)	**van**

IR A = Dirección

IR DE ... A = Origen y destino

IR POR = Vía

IR EN = Transporte

1　**Sólo dos de estos medios de transporte van con "A". ¿Cuáles?**

EN

tren
autobús
avión
caballo
metro
barco
moto
coche
pie
bicicleta

A

2

Indica cómo vas a ... y por qué; después coméntalo con toda la clase.

Al trabajo ....
De compras ....
Al cine ....
Al campo ....
De vacaciones ....

> A + el... = Al...
> Voy al trabajo en coche
> A + la... = A LA...

3

Observa el plano del metro de Madrid y contesta a las preguntas.

¿En qué estación empieza la línea 9?
¿En qué estación acaba la línea 1?

¿Por cuántas estaciones pasa la línea Circular?
¿De qué estación sale la línea 4?
¿En qué línea está la estación de Sol?
¿Qué línea va a la estación de Avda. de América?

4 — Escribe un itinerario en metro y explícaselo a tu compañero/a.

Estoy en La Latina. Para ir a Lima *cojo la línea 5 hasta Núñez de Balboa, allí *cojo la línea 9 hasta Avenida de América y después la línea 8 hasta Lima.

* En España se utiliza más el verbo COGER que TOMAR.

práctica global

órbita 2

Habla con tu grupo e indica una ventaja y una desventaja de cada medio de transporte.

| VENTAJA | INCONVENIENTE |

Ir en bicicleta es más ecológico y barato pero es menos cómodo.

Tren

Bicicleta

Globo

Moto

A pie

Barco

Avión   peligroso

Caballo   barato

................/..............
................/..............
................/..............
................/..............
................/..............
................/..............
................/..............

ecológico

romántico

cómodo

lento

independiente

rápido

1 Vamos a hacer un viaje. Tenemos dos oportunidades.

1- México D.F.

¿Qué hay interesante en México D.F.?

1. Pirámide de Teotihuacán

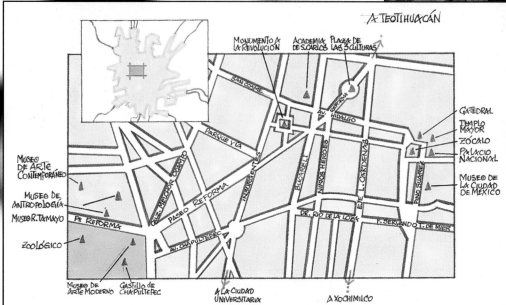

2. Catedral

3. Danzas rituales

4. Ciudad Universitaria

5. Trajinera en los jardines flotantes de Xochimilco

2 En parejas. *En México hay...*

A favor de México	En contra de México
1. En México hay muchos monumentos	pero hay muchos coches.
2.	
3.	
4.	

3 Toda la clase discute y decide dónde va:

Vamos a .... porque ....

final

@

2- Picos de Europa

¿Qué hay interesante en Picos de Europa?

3. El Naranjo de Bulnes desde Camarmeña

2. Vista desde la cima de Peña Vieja

4. En la cumbre del Tesorero

1. El río Cares

Fuente Dé. Mirador del Cable
Peña Remoña

En parejas. *En Picos de Europa hay...*

A favor de Picos de Europa	En contra de Picos de Europa
1. En Picos de Europa hay tranquilidad	pero no hay museos.
2.	
3.	
4.	

Ahora organiza un itinerario de tres días.
Itinerario:
1er día: ....
2º día: ....
3er día: ....

[350 m

¿Qué problemas hay en una gran ciudad? ¿Puedes hacer una pequeña lista?

Vas a oír a diferentes americanos hablando de las capitales de sus países. Toma notas:

para ayudarte puedes utilizar

Lima, la capital de Perú, es una ciudad de unos 7.000.000 de habitantes; en Perú hay más o menos 21 millones de habitantes. Lima es el centro de todo, todas las oficinas y ministerios están allá. Es una ciudad que ha crecido mucho y muy rápido y, por eso, hay problemas de transporte, problemas de viviendas... Como hay tanta inmigración, se han creado los pueblos jóvenes... bueno, los pueblos jóvenes son los barrios pobres de la periferia.

El centro de Lima es la parte antigua, colonial. Está al lado del río Rimac, y la Plaza de Armas es el corazón de la ciudad.

**transporte
viviendas
población
tráfico
paro**

1. Catedral

2. Balcón del Palacio Torre Tagle

3. Céntrica calle limeña

LIMA

Nº de habitantes: ....

Lugares de interés:
* ....
* ....

Problemas:
....
....

4. Palacio Arzobispal

Buenos Aires es una ciudad muy grande, pero no sé exactamente cuántos habitantes tiene; unos doce millones. Es una ciudad muy cara, carísima, tan cara como Alemania y Holanda. La gente tiene que trabajar en dos o tres sitios. La gente no se comunica, el tráfico es terrible.

El centro es mágico como el tango. La Boca es la zona más bonita; allá las casas están pintadas de colores. Allá está el Puente, el Museo de Cera, y hay muchos artistas callejeros. El río está contaminado, muy contaminado.

En Argentina viven 33 millones de personas.

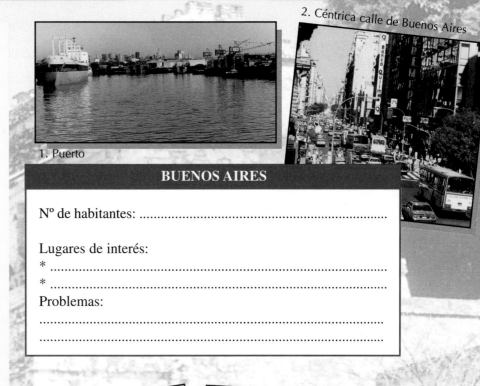

1. Puerto

2. Céntrica calle de Buenos Aires

BUENOS AIRES

Nº de habitantes: ....

Lugares de interés:
* ....
* ....
Problemas:
....
....

3. Avenida 9 de julio (la más ancha del mundo)

4. Obelisco 9 de julio

Escribe un texto sobre la capital de tu país.

Ahora vamos a conocer la capital de tu país. Rellena una ficha:

TU CAPITAL

Nº de habitantes: ....

Lugares de interés:
* ....
* ....

Problemas:
* ....

♥ ¿Sabes relajarte? ¡Vamos a intentarlo todos juntos! Observa este dibujo: es una escena de la naturaleza.

Relaciona estas palabras con el dibujo.

río   agua   árbol   cielo   nube   hierba

♥ Relaciona.

oír

ver

caminar

♥ Ahora cierra los ojos, escucha y relájate.

Con la

En esta unidad has aprendido.

• **VOCABULARIO.** Recuerda las palabras.

el campo	el árbol

la ciudad	el estanco

• **GRAMÁTICA:** Recuerda los verbos y su conjugación.

	VERBO IR	VERBO GIRAR
(Yo)	voy	....
(Tú)	....	....
(Usted/él/ella)	....	....
(Nosotros/as)	....	....
(Vosotros/as)	....	....
(Ustedes/ellos/as)	....	....

-Recuerda cómo se expresa la comparación.

+	
-	
=	

-Recuerda las preposiciones que van con el verbo IR:
-Recuerda cuándo se usa:
Hay +
Está +
Están +

• **¿CÓMO SE DICE?** Recuerda las expresiones para manejarte en la calle.

Llamar la atención	

Pedir información	

Dar información	

Tema 2 En autonomía

1. Pepe sale de su casa para hacer cosas. Tiene una lista. ¿Dónde va para hacerlas?

- Sacar dinero.
- Comprar cigarrillos y sellos.
- Comprar aspirinas.
- Comprar yogures, jamón de York y dentífrico.
- Mandar un paquete a Noruega.
- Encontrarse con su amigo.

Ej.: Pepe va a la farmacia para comprar aspirinas.

2. Lee y marca en el plano:

Sí, mira. Sigues todo recto por esta calle, giras la segunda calle a la derecha y la primera a la izquierda. Allí, al lado del bar hay una cabina

Oye, por favor, ¿hay una cabina de teléfono por aquí cerca?

Ah, muchas gracias

3. Mira este plano del recinto ferial de Sevilla. Estás en la Puerta del Aljarafe.

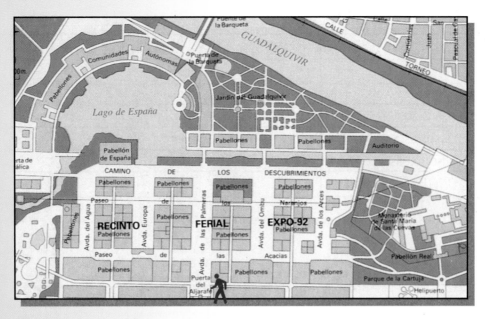

1. ¿Cómo se va al Parque de la Cartuja?
2. ¿Cómo se va al Camino de los Descubrimientos?
3. ¿A la Avenida de Europa?
4. ¿Al Paseo de los Naranjos?

4. Completa con:

DETRÁS (DE)
DELANTE (DE)
A LA IZQUIERDA (DE)
A LA DERECHA (DE)
AL LADO (DE)
ENCIMA (DE)
DEBAJO (DE)

Ej.: La rana está al lado de la pelota.

....

5. Completa con J, G o GU.

....

1. Todos los días co...o el metro para ir a mi trabajo.
2. ¿La Plaza Mayor?, Sí, si...es todo recto y giras por la primera a la derecha.
3. ¿Por favor, dónde se co...e el autobús 25?
4.   -Oye, ¿dónde podemos comer algo barato?
          -Sí, se...ís todo recto, co...éis la segunda a la izquierda y al lado del
          hotel hay un restaurante económico.

Ahora rellena el esquema.

	COGER	SEGUIR	IR
(Yo)			
(Tú)			
(Usted/él/ella)			
(Nosotros/as)			
(Vosotros/as)			
(Ustedes/ellos/ellas)			

6. Ellos son una pareja muy diferente.

♀ • **Para ella**

Ver una colección de sellos es ....

Pasear por la calle con mucho tráfico es ....

Ir en bicicleta por la ciudad es ....

Ir por la playa con su novio es ....

♂ • **Para él**

Ver una colección de sellos es ....

Pasear por la calle con mucho tráfico es ....

Ir en bicicleta por la ciudad es ....

Ir por la playa con su novia es ....

divertido
aburrido
fácil
difícil
peligroso
seguro
romántico

7. Aquí tienes una tabla comparativa de tres refrescos según azúcar, colorantes, aditivos y cafeína. Haz comparaciones utilizando MÁS QUE, MENOS QUE, TANTO/A COMO, TANTOS/AS COMO.

Ej.: Fruitopía tiene menos aditivos que Trina Té y Aquarius.

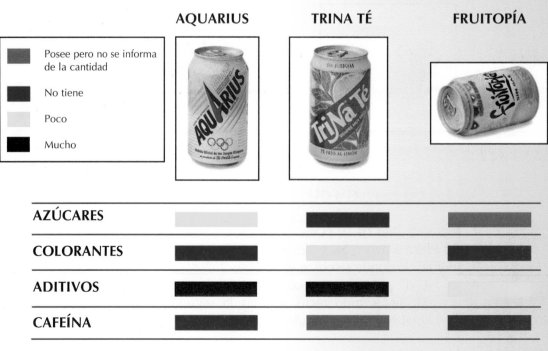

8. Normalmente, ¿qué cosas hay en una plaza?

....
....
....
....
....

9. Aquí tienes dos plazas españolas.

1

2

Contesta a estas preguntas.

- ¿Cómo son?
- ¿Qué edificios hay en ellas?
- ¿Hay tiendas?
- ¿Qué elementos decorativos tienen?
- ¿Qué tipo de personas hay en ellas?
- ¿Qué hacen?

10. Escribe una descripción de estas plazas.

....
....
....
....

11. ¿Qué diferencias hay con una plaza de tu país?

....
....
....
....

3 tema

Versión
Mercosur
págs.
145-147

EL BIENESTAR: *cons*

VINÇON

VINÇON

I shop I am

Compro
luego
Existo

Mapa mental

A mí, también

A mí, tampoco

A mí, no   A mí, sí

(A mí) me gusta   **Expresar gusto**

Expresar acuerdo o desacuerdo

En el mercado

Pedir

Me pone...

Deme...

Identificar

De los...

De estos

Preguntar el precio

¿Cuánto es?

¿A cuánto está(n)?

¿Cuánto vale?

Expresar preferencia   Prefiero

Me gusta más

Expresar la opinión   (A mí) me parece que...

Creo que...

Vas a aprender a....

CONSUMIR ≠ NECESITAR

Marca de esta lista las cosas que normalmente no necesitas en tu vida cotidiana, después habla con tus compañeros/as:

una tarjeta de crédito
un teléfono móvil
un coche
un equipo de música
una televisión

un abrigo de piel
crema para la cara
un ordenador
una guitarra
un vídeo

Necesito

Yo no necesito

Yo no necesito la tarjeta de crédito, pero necesito
el teléfono móvil porque trabajo en la calle.

órbita

1
Pinta tu fruta preferida en un papel. Busca su nombre en el diccionario o pregunta a tu profesor/-a. En círculo cada uno/a pasa su papel y todos repiten el nombre uno por uno. Por último, todos pasan sus papeles al mismo tiempo diciendo en voz alta el nombre varias veces.

2
Aprende el nombre de algunas frutas y verduras. ¿Cuál te gusta más? Pon el número que corresponde al nombre de la verdura o de la fruta.

☐ Pimiento	☐ Patata	12 Cebolla	☐ Tomate
5 Ajo	☐ Lechuga	☐ Melón	☐ Pera
☐ Naranja	☐ Plátano	☐ Piña	☐ Manzana
7 Uva			☐ Melocotón

3

Escucha la cinta o mira el vídeo y completa con lo que compra.

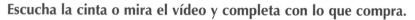

@

Versión Mercosur, pág. 145.

Cantidad	Producto
¿Cuánto es?:	

- Hola, Carlos, ¿qué te pongo?
- A ver... quería dos kilos de patatas y una lechuga, medio de cebollas y... dame tres pimientos rojos.
- ¿Te gustan estos?
- Vale. Ponme también dos kilos de naranjas.
- ¿Algo más?
- Sí, eh... un melón, y medio de peras.
- ¿De cuáles te pongo?
- De éstas, ¿están maduras?
- Sí, claro. ¿Más cosas?
- No, ya está.
- Son 1.552 ptas.
- Aquí tienes.
- Gracias.
- Hasta luego.
- ¡Adiós!.

PARA COMPRAR

	USTED	TÚ
PREGUNTAS DEL VENDEDOR	¿Qué le pongo? ¿Quiere algo más?	¿Qué te pongo? ¿Quieres algo más?
	¿Qué más? ¿Algo más?	
PEDIR COSAS	Me da... Me pone...	Me das... Me pones...
IDENTIFICAR UN PRODUCTO	¿De cuáles le pongo?	¿De cuáles te pongo?
	De éstos/as De los/las rojos/as	
PREGUNTAR SOBRE LA CALIDAD	¿Están buenos? ¿Están maduros? ¿Están dulces?	
PREGUNTAR SOBRE EL PRECIO	¿Cuánto es?	

4

Completa el diálogo con la lista de la compra.

¡Hola!, buenos días, ¿qué le pongo?

¿De cuáles le pongo?

¿Quiere algo más?

750 ptas.

1 kg de naranjas
1/2 kg de peras
1 melón
1 lechuga

5

Ahora completa este diálogo. Tú eres el vendedor/-a.

Un kilo de cebollas

2 kilos de patatas

Un kilo de manzanas

De las rojas

No, gracias. ¿Cuánto es?

6

Desarrolla con tu compañero/a el diálogo según estos papeles.

Alumno/a A
Eres un/-a vendedor/-a. Elige de esta lista lo que tienes en la tienda y ponle precio:

manzanas
naranjas
peras
uvas
plátanos

Alumno/a B
Eres un/-a cliente. Elige cuatro cosas que quieres de esta lista:

manzanas
naranjas
peras
uvas
plátanos

Sólo tienes 800 ptas.

órbita

TEMA 3. EL BIENESTAR

Deme un kilo de manzanas de estas y un kilo de peras de esas, de las amarillas

¿De cuáles, de estas?

1 & Relaciona

manzana   plátanos
tomate   pimiento   naranjas ....
melón   uvas   patatas

este
esta
estos
estas

Ej.: Estas naranjas

Observa

IDENTIFICAR OBJETOS

POR LA DISTANCIA	Cosas que están cerca	Este Esta Estos Estas
	Cosas que están lejos	Ese Esa Esos Esas
POR UNA CARACTERÍSTICA	El rojo La grande Los verdes Las pequeñas	

@

2

Haz un diálogo con tu compañero/a: A es un/-a cliente/a y B es un/-a vendedor/-a. A elige las frutas que quiere y las pide.

3

Jesús va una vez al mes a comprar cosas básicas para su casa. Esta es su compra. Relaciona las cosas con las cantidades.

Relaciona

&

☐ Vinagre	☐ Judías	☐ Azúcar
☐ Pan	☐ Aceite	☐ Galletas
☐ Leche	☐ Vino	☐ Huevos
☐ Mantequilla	☐ Pasta	☐ Atún
☐ Naranjas	☐ Queso	☐ Embutido
☐ Tomate	☐ Café	☐ Cebolla
☐ Perejil	☐ Arroz	☐ Ajo

- un litro de
- una botella de
- un paquete de
- una lata de
- una barra de
- doscientos gramos de
- un kilo de
- media docena de

¿Qué tienes tú siempre en tu casa?

1

Ordena estos tipos de música de acuerdo a tus gustos.

	me encanta	me gusta muchísimo	me gusta mucho	me gusta bastante	no me gusta mucho	no me gusta nada	
tecno							
clásica							
new age							
ópera							
pop							
flamenco							
salsa							
étnica							
jazz							
rock							

2

Asocia las frases con este grupo de amigos.

No me gustan las discotecas.
Me gusta la música clásica.
No me gusta el consumo.
Me gusta el rock duro.
Me gustan las motos.
Me gustan los ordenadores.
Me gusta trabajar con Internet.
No me gusta la carne.
Me gusta ir a discotecas.
Me gusta la comida china.

¿Con cuál te identificas más? ¿Tú también tienes amigos diferentes? Explícaselo a tu grupo.

Ej.: A mi amiga Rosa le gusta el flamenco, pero a mi amigo Óscar no le gusta nada.

3

Completa con las frases anteriores: ¿Cuándo se usa "gusta" y cuándo "gustan"?

GUSTA	GUSTAN
Me gusta la música clásica.	No me gustan las discotecas.
....	....
....	....

(A mí)	me		muchísimo		me		
(A ti)	te				te		
(A usted/él/ella)	le	gusta	mucho	no	le	gusta	mucho
(A nosotros/as)	nos		bastante		nos		nada
(A vosotros/as)	os		un poco		os		
(A ustedes/ellos/ellas)	les				les		

4

Pregunta a tu compañero/a sus gustos sobre:

- Música: blues, jazz, ópera, clásica, pop, rock, etc.
- Cine: cómico, de guerra, de aventuras, ciencia-ficción, etc.
- Deportes: fútbol, tenis, golf, etc.
- Comidas: italiana, japonesa, francesa, vegetariana, etc.

¿Te gusta el jazz?

Con las respuestas de tu compañero/a, di algo que tiene en común y algo diferente.

Ej.: A los dos nos gusta la ópera, pero a Maite no le gusta el fútbol y a mí, sí.

5

Piensa en una cosa que te gusta y dila en voz alta.
Los compañeros que están de acuerdo se levantan y lo expresan ("A mí, también").
Después los que están en desacuerdo ("A mí, no").

Haz lo mismo con algo que no te gusta, los compañeros que están de acuerdo dicen "A mí, tampoco" y los que no están de acuerdo "A mí, sí".

práctica global

1 Quieres hacer con tu compañero/a una cena para toda la clase.

Muévete por la clase y pregunta los gustos de tus compañeros/as sobre la comida: qué les gusta, si son vegetarianos o no, etc.

> Ej.: A John no le gusta el pescado, pero a...
> 1. ....
> 2. ....

2 Ahora decide con tu compañero/a qué plato hacer y por qué.

TORTILLA

INGREDIENTES:
patatas
huevos
cebolla
aceite
sal

GAZPACHO

INGREDIENTES:
tomates
cebolla
pimiento
pepino
ajo
pan
aceite
vinagre
sal

CHURRASCO

INGREDIENTES:
carne
aceite
sal

MERLUZA EN SALSA VERDE

INGREDIENTES:
merluza
aceite
sal
harina
cebolla
guisantes
perejil

3 Estás en el mercado con tu compañero/a para comprar los ingredientes. Desarrolla el diálogo con el vendedor o vendedora.

órbita

TEMA 3. EL BIENESTAR

2a

1

vídeo

audio

¿Qué diferencia hay entre comprar en el supermercado y comprar en el mercado? Escucha la cinta o mira el vídeo y completa.

A Carlos le gusta comprar en .... porque ....

A Violeta le gusta comprar en .... porque ....

• Violeta, ¿me acompañas a hacer la compra?
• Vale, ¿dónde vas?
• Al mercado.
• ¡Anda! ¿Y por qué vas al mercado?
• Porque me gusta; porque me gusta la gente, el ambiente, me gusta el trato familiar, me parece más agradable.
• Sí, pero ¿no te parece incómodo hacer cola? A mí me gusta más comprar en el supermercado, me parece más práctico, los precios están escritos, y puedes comprar de todo en el mismo sitio... A mí no me gusta pagar con dinero, prefiero pagar con tarjeta de crédito. Además, te llevan la compra a casa.
• Sí, eso es verdad.

Observa

EXPRESAR GUSTOS	EXPRESAR PREFERENCIAS	EXPRESAR LA OPINIÓN
• Me gusta comprar en el mercado. • No me gusta pagar con dinero. • Me gusta la gente. • Me gusta el trato familiar.	• A mí me gusta más comprar en el supermercado. • Prefiero* pagar con tarjeta de crédito.	• Me parece humano. • Me parece agradable. • ¿No te parece incómodo hacer cola? • Me parece práctico.

2

Y a ti, ¿dónde te gusta comprar?

A mí me gusta comprar en .... porque ....
A mí me gusta más el .... porque ....
Yo prefiero ir al .... porque ....

* PREFERIR

pref**ie**ro
pref**ie**res
pref**ie**re
preferimos
preferís
pref**ie**ren

3

Di qué te gusta más y por qué.

- cine o teatro
- pintura clásica o contemporánea
- comida china o italiana
- ver deporte o hacer deporte
- el mar o la montaña

4

Elige con tu compañero/a uno de estos personajes. Piensa qué les gusta hacer en su tiempo libre y escribe un pequeño texto.

1. Juan Carlos I Rey de España

2. Montserrat Caballé

3. Igor Yebra

4. Gabriel García Márquez

5. Inés Sastre

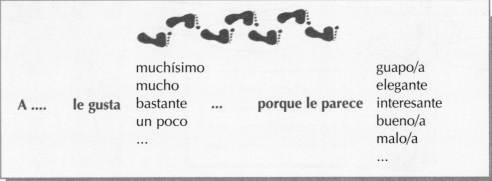

| A .... | le gusta | muchísimo
mucho
bastante
un poco
... | ... | porque le parece | guapo/a
elegante
interesante
bueno/a
malo/a
... |

órbita

Gramática activa

2b

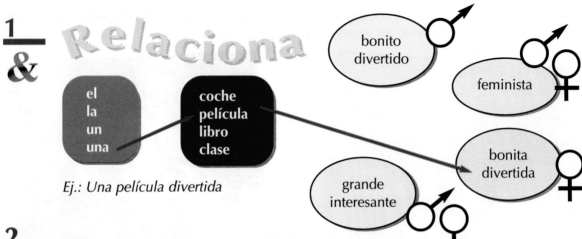

1 & 2

Relaciona

| el / la / un / una | coche / película / libro / clase |

Ej.: Una película divertida

- bonito / divertido ♂
- feminista ♀
- grande / interesante ♂♀
- bonita / divertida ♀

2

¿Qué piensas de estas cosas?, ¿a ti qué te parecen?

- La música clásica — Frente a mí / Para mí la música clásica es aburrida.
  Para mí la música clásica es fantástica.
- Los ordenadores ....
- Las películas bélicas ....
- El rock duro ....
- La comida china ....
- Las novelas policiacas ....
- El arte clásico ....
- La pintura abstracta ....

Observa

Lo compro
No lo compro
Lo compro
No lo compro

Es domingo a las doce de la noche. No tengo tabaco

La veo
No la veo
La veo
No la veo

Es la una de la noche. En la televisión hay una película muy buena Mañana tengo mucho trabajo

el coche	→	lo
la película	→	la
los pasteles	→	los
las fotos	→	las

3

Cambia las palabras que se repiten por el pronombre.

> *Ej.: Me voy a comprar un ordenador porque necesito un ordenador.*
> *Me voy a comprar un ordenador porque lo necesito.*

1. Quiero comprarme una casa. Necesito una casa más grande. Busco la casa en el periódico. *la quiero moderna la quiero barata.*

2. Hoy es el cumpleaños de Jesús y quiero regalarle una camisa. Quiero una camisa moderna y quiero una camisa barata.

3. A mí me gustan mucho las películas de Almodóvar. Hoy ponen una en la tele. Quiero ver la película de Almodóvar. *Hoy la quiero ver Almodóvar*

4. Me gustan muchísimo los discos de Mecano. Mi amiga Carolina tiene muchos y me va a dejar los discos de Mecano. *lend* *me los va a dejar.*

4

Decide qué van a hacer estas personas en estas situaciones.

Juana tiene que escribir una carta a sus padres. Hoy está muy cansada. ¿La escribe o no la escribe?

> *No, no la escribe porque está cansada.*
> *Sí, sí la escribe.*

1. Pepe está a régimen. *muy go diet* Tiene mucha hambre y su novia le trae tres pasteles de chocolate. ¿Los come o no los come?, ¿por qué? *stop* *los ha come*

2. María quiere dejar de fumar. Está en una fiesta y el chico más guapo le ofrece un cigarrillo. ¿Qué hace? *Va a aceptar*

3. Antonia quiere renovar su casa. Le ofrecen unas ventanas muy *renovate* caras de P. V. C. ¿Qué hace?

4. Juan tiene 300 periódicos viejos en casa. El centro de reciclaje más próximo está a 20 minutos de su casa. ¿Qué hace? *Juan va a llevárselos*

ESCRIBIR

COMER

ACEPTAR

COMPRAR

LLEVAR

blah

está cansada	tiene tos	está muy nerviosa
no tiene coche	es ecologista	le gustan mucho
no quiere engordar	son buenas	no tiene mucho dinero

5

Decide qué compras y qué no compras y por qué. ¿Lo necesitas o no?

no la necesito.

una enciclopedia
unos vasos de plástico
el último superventas
unas gafas de sol
una cámara de fotos

Ej.: La enciclopedia no la compro porque
{ no la necesito.
  no tengo espacio en casa.

práctica global

órbita 2

1 Lee este texto.

A mí me gusta mucho ir al cine: me gustan casi todas las películas. También me gusta comer, sobre todo carne y verduras. Me encanta la música, pero no el bakalao. Me encanta el fútbol. También me gusta mucho estar con gente: me gustan las personas con sentido del humor. Mi película favorita es *Cabaret,* de Bob Fosse, y mi grupo de música favorito es Los Beatles.

En la mesa de mi habitación siempre hay papeles, cosas para escribir y una foto de mi pareja.

Prefiero ver una película en el cine que en la tele.

Prefiero escribir en el ordenador, porque es más rápido.

En el trabajo prefiero mandar fax porque son más rápidos que el correo…

2 Escribe un texto en un papel con:
- cinco cosas que te gustan mucho
- tu película favorita
- tu cantante o grupo favorito
- tres cosas que siempre hay en la mesa de tu habitación.

3 Escribe en el mismo papel qué prefieres y por qué:
- ver una película en la tele o ver una película en el cine
- escribir a mano, a máquina o a ordenador
- escribir cartas, mandar fax o correos electrónicos (*e-mail*).

4 Cuelga tu papel en la pared. Lee los de tus compañeros, elige uno y explica por qué te gusta más.

tarea final

1

Haz una encuesta a dos personas que tú conozcas.

E N C U E S T A

¿Dónde compras (comida, ropa, etc.) y por qué?
¿Compras ropa de segunda mano?
¿Cómo vas por la ciudad (metro, coche, etc.)?
¿Qué te gusta más, leer o ver la tele?
Di tres cosas que tienes en tu casa y no necesitas.
¿Cómo pagas tus gastos (dinero, tarjetas de crédito)?
¿Tienes tarjetas de crédito?, ¿cuántas?
En las grandes festividades:
    - ¿cuántos regalos compras?
    - ¿cuánto dinero te gastas?
¿Inviertes dinero en alguna asociación benéfica?
¿Tienes coche, tele, vídeo, etc.?

Presenta los casos a la clase y comenta cómo es la persona.

Mi entrevistado/a es...

      le gusta...
      prefiere...

2

Toda la clase hace un decálogo de cómo es el consumidor ideal.

Compro Existo

Al consumidor ideal le gusta....

1. ....
2. ....
3. ....
4. ....
5. ....
6. ....
7. ....
8. ....
9. ....
10. ....

[350 m

Se hacen dos grupos: cada grupo trabaja con una de estas familias de España y Argentina y prepara un pequeño informe para presentarlo a la clase.

FAMILIA
DE FRUTOS
ESPAÑA

- Número de personas que viven en la casa: 3.
- Tamaño de la vivienda: 70 m². Salón, cocina y dos dormitorios.
- Semana laboral: 35 horas, padre; 50 horas, madre, en las tareas domésticas y el cuidado de Sheila.
- Equipamiento doméstico: Radios, 1. Equipos estereofónicos, 1. Teléfonos, 1. Televisores, 1. Vídeos, 1. Automóviles, 1.
- Posesiones más apreciadas: para el padre, la nevera llena de comida; para la madre, el equipo estereofónico.
- Renta *per capita*: 1.747.480 pesetas.
- Porcentaje de los ingresos que dedican a comida: 40%.

Ahora haz un pequeño perfil

¿Cómo es la familia?

¿Qué cosas tienen?

¿Cuál es la renta *per capita*?

¿Qué es lo más importante para la familia?

- Número de personas que viven en la casa: 5.
- Tamaño de la vivienda: 3 habitaciones y patio, 110 m².
- Semana laboral: padre, de 30 a 35 horas; madre, 40 horas, 16 de ellas como fotógrafa.
- Equipamiento doméstico: Radios, 1. Teléfonos, 1. Televisores, 1. Vídeos, 1. Consolas de videojuegos, 1.
- Posesiones más apreciadas: para el padre, el aparato de revelar fotografías. Para la madre, los objetos de plata heredados. Para el hijo, la consola de videojuegos. Para una de las hijas, un peluche. Para la otra, un cochecito de muñeca.
- Renta *per capita*: 555.240 pesetas.
- Porcentaje de ingresos que dedican a comida: 25%.

FAMILIA
CARBALLO
ARGENTINA

de la familia media de tu país.

En un círculo.

Cada uno piensa en una actividad que le gusta y otra que no le gusta. Hace una pantomima en el centro y los demás adivinan las actividades.

A Yolanda le gusta pasear por el campo, le parece relajante.
A Yolanda no le gusta el fútbol, le parece aburrido.

Ahora mira estas fotos.

¿Cómo crees que son estas personas?
¿Qué crees que les gusta hacer y qué no?

Con la

En esta unidad has aprendido:

• **VOCABULARIO.** Haz una lista de las palabras.

frutas	la naranja
cosas básicas	en casa siempre hay pasta...
cantidades	un kilo de…
adjetivos	interesante

• **GRAMÁTICA.** Recuerda los verbos.

	GUSTAR	PARECER	PREFERIR
(Yo)	A mí me gusta	....	....
(Tú)	....	....	....
(Usted/él/ella)	....	....	....
(Nosotros/as)	....	....	....
(Vosotros/as)	....	....	....
(Ustedes/ellos/ellas)	....	....	....

• La concordancia de los artículos y los adjetivos con las palabras.

la	casa	bonita
	coche	
	vídeo	
	jardín	
	mesas	
	discos	

• Los pronombres deícticos: éste...

• Los pronombres objeto directo: lo...

• **¿CÓMO SE DICE?** Recuerda cómo dices para:

Comprar en una tienda/en el mercado	
Expresar gusto y preferencia	
Expresar opinión/acuerdo/desacuerdo	

Tema 3 En autonomía

1. Relaciona las preguntas con las respuestas.

¿Qué le pongo?	Doscientas.
¿De cuáles le pongo?	De las verdes.
¿Están buenas?	Sí, claro.
¿Quiere algo más?	Un kilo de manzanas.
¿Cuánto es?	No, gracias.

2. Piensa de quién son las preguntas y las respuestas: del vendedor/-a o del cliente/a. Ordena el diálogo.

VENDEDOR/-A   CLIENTE/A

....

..../.......................

...................../.......................   ..../.......................

....

3. Pide estas cosas:

Ej.: Me pone un kilo de esos tomates.

este	→ ese
esta	→ esa
estos	→ esos
estas	→ esas

4. Completa este crucigrama.

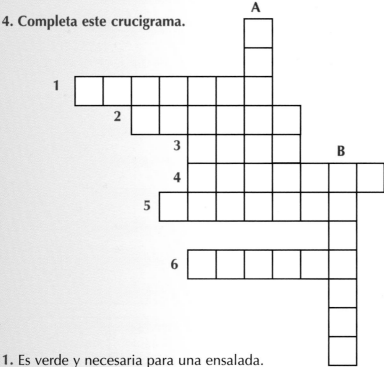

1. Es verde y necesaria para una ensalada.
2. Es rojo y normalmente va con la lechuga.
3. Siempre hay muchas y son verdes o negras.
4. Nueva York es una gran...
5. Cuando la cortas, empiezas a llorar.
6. Se usa para hacer la típica tortilla española.

A. A los chimpancés les gusta mucho.
B. Es ideal para hacer zumos con mucha vitamina C.

5. Relaciona.

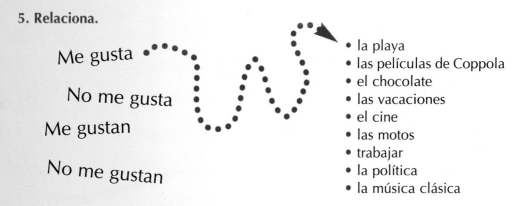

Me gusta
No me gusta
Me gustan
No me gustan

- la playa
- las películas de Coppola
- el chocolate
- las vacaciones
- el cine
- las motos
- trabajar
- la política
- la música clásica

6. Escribe ahora un texto con tus gustos.

....
....
....
....
....
....

Mucho
Bastante
Un poco
Nada

7. Lee lo que dice esta persona y reacciona según tus gustos.

• Me gustan los espaguetis con tomate.   *Pues a mí, no.*
• No me gusta la ensalada de tomate y lechuga. ....
• Me gusta la pizza. ....
• No me gustan nada las hamburguesas. ....
• Me gusta fumar. ....
• Me gusta Beethoven. ....
• Me gusta ir de compras. ....
• Me encanta dormir la siesta. ....
• No me gusta nada la cebolla. ....
• Me encanta bailar. ....
• Me encantan las discotecas. ....
• No me gustan los museos. ....

8. Relaciona.

• La arquitectura • El tenis • La pintura moderna • Las novelas de Agatha Christie • Las películas de Almodóvar • Viajar • Ir al campo	(No) me gusta (No) me gustan	mucho bastante un poco	me parece me parecen	interesante aburrido/a bueno/a malo/a relajante

Ej.: La pintura moderna me gusta mucho, me parece interesante.

9. ¿Qué te parecen estas cosas?

• La política
• El consumo
• Las drogas
• La religión
• La televisión

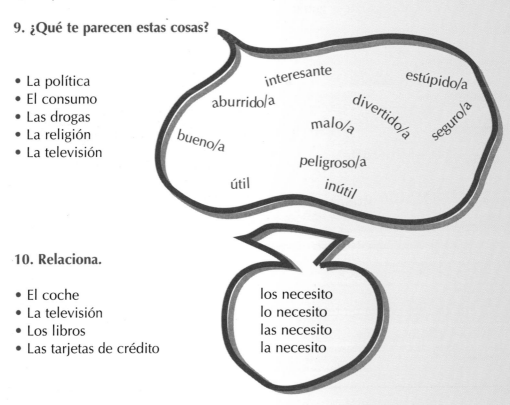

interesante
aburrido/a
bueno/a
malo/a
divertido/a
estúpido/a
seguro/a
peligroso/a
útil
inútil

10. Relaciona.

• El coche
• La televisión
• Los libros
• Las tarjetas de crédito

los necesito
lo necesito
las necesito
la necesito

11. Indica qué cosas necesitas de estas.

- el coche
- la tarjeta de crédito
- el teléfono móvil
- el ordenador
- la televisión
- el vídeo

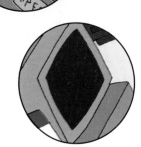

Ahora explica por qué.

Ej.: La tarjeta de crédito la necesito porque viajo mucho.

12. Lee esta información.

En España los huevos se compran por *docenas* o por *media docena* (12 ó 6); la carne, en *kilos, medio kilo (1/2)* o *cuarto kilo (1/4)*, o por *filetes*; el pescado, *entero* y por *kilos*; el arroz, azúcar, harina, en *paquetes* de medio o de un kilo; el vino, el aceite, la leche, en *botellas* o en *litros*; el fiambre, el queso, por *gramos* (100, 150, 200, 250, etc.); la fruta, por *kilos, medio kilo, etc.*; algunas verduras, las grandes, por *unidades*; las otras, por *kilos*.

Ahora relaciona estos alimentos con las formas de comprarlos.

200 gramos de ....
1 kilo de ....
1/2 kilo de ....
Un, una ....
Un, dos, tres filetes de ....
Un paquete de ....
Una botella de ....
1/2 docena de ....
1 litro de ....

pollo   huevos   queso   azúcar
arroz   harina   vino
patata
cerdo   berenjena   leche
aceite
vinagre   jamón
ternera   chorizo

LA SOLIDARIDAD: v

Versión Mercosur Págs. 148-149

ojos que no ves...   ...corazón que te pierdes

ACCIÓN contra el HAMBRE

Según documento ONG ACCIÓN contra el Hambre

Mapa mental

¿Vamos al cine juntos?

Proponer actividades

Hablar de la frecuencia

Nunca

Una vez por semana

Muchas veces

Proponer un encuentro

Vas a aprender a....

Habitual   Trabajo

Hablar del presente

Actual Estoy trabajando

Hablar del futuro

¿Qué tal si nos vemos mañana?

Hablar del tiempo

Mañana voy a ir al cine

La hora   ¿Qué hora es?   Es la...

Una parte del día   Son las...

Los días de la semana   Por la tarde

El lunes

medicus mundi

MEDICOS SIN FRONTERAS

Ayuda en Acción

ACCION CONTRA EL HAMBRE

Manos Unidas

Relaciona

&

AYUDAR - LUCHAR - DAR - ORGANIZAR

a países en guerra

a refugiados

...

clases   comida

asistencia médica

medicinas

a víctimas de catástrofes

a niños

...

...

contra el hambre

contra la enfermedad

contra la injusticia

...

- ¿Qué crees que hacen las cinco ONG de arriba? Contesta con ayuda de las palabras anteriores.
- ¿Conoces otras ONG? ¿Qué hacen?

1 Lee estos textos y rellena.

La familia Pérez vive en España.

Arquitecto
Se levanta a las 7:30 de la mañana, se ducha y hace el desayuno, lleva a los niños al colegio y vuelve a casa a trabajar. Dos veces por semana, los lunes y miércoles, va por la tarde, a las siete, a una escuela para aprender alemán. Los martes y los jueves traba-ja como voluntario en Ayuda en Acción: colabora en un proyecto para el desarrollo en un pueblo de la Sierra de Perú. Una vez por semana, normalmente los viernes, hace psi-coterapia. Los domingos juega al tenis con su mujer.

Profesora
Se levanta a las 8 menos cuarto y, después de ducharse y desayunar, toma el tren y va a una escuela donde da clases. A las cinco de la tarde vuelve a casa y está con sus hijos. Prepara la comida del día siguiente. Una vez a la semana, el miércoles, va al gimnasio. Dos días a la semana, los martes y jueves, trabaja como voluntaria, enseña español a inmigrantes. Apadrina a un niño de Perú.

El niño y la niña
Están en el colegio de 9 a 4. A mediodía comen en el colegio. La niña hace judo los martes y el niño va todos los jueves a clase de piano. Por la tarde hacen los deberes, ven la televisión, etc. Los sábados comen en casa de los abuelos.

El padre de la familia Pérez

	Lunes	Martes	Miércoles	Jueves	Viernes	Sábado	Domingo
8:00 a 12:00	Se levanta, se ducha, hace el desayuno.						
12:00 a 18:00	Trabaja en casa. Es arquitecto.						
18:00 a 24:00	Alemán	Voluntario	Alemán	Voluntario	Psicoterapia		Tenis

La madre de la familia Pérez

	Lunes	Martes	Miércoles	Jueves	Viernes	Sábado	Domingo
8:00 a 12:00							
12:00 a 18:00							
18:00 a 24:00							

El niño y la niña

	Lunes	Martes	Miércoles	Jueves	Viernes	Sábado	Domingo
8:00 a 12:00							
12:00 a 18:00							
18:00 a 24:00							

La familia Gutierres vive en la Sierra de Perú.

La madre
Se levanta, como toda la familia, muy pronto y trabaja en la huerta y la casa. Los martes va a pie a un pueblo a 10 km, donde se reúne con un grupo de mujeres de una cooperativa textil. Los sábados lleva los tejidos al mercado.

El padre
Después de desayunar, va al campo a trabajar la tierra. Cuando vuelve a casa, después de cenar, cose ropa para venderla en el mercado de los sábados. Una vez a la semana colabora con una organización local, enseña a los niños técnicas agrícolas.

El niño
Va a pie a la escuela, que está a 7 km. Allí está de 9 a 5, pero a veces no puede ir porque ayuda a su padre en el campo. Cuando vuelve a casa por la tarde, da de comer a los animales. Está apadrinado por la familia Pérez y, por eso, puede ir a la escuela. De vez en cuando les escribe cartas.

El padre de la familia Gutierres

	Lunes	Martes	Miércoles	Jueves	Viernes	Sábado	Domingo
8:00 a 12:00							
12:00 a 18:00							
18:00 a 24:00							

La madre de la familia Gutierres

	Lunes	Martes	Miércoles	Jueves	Viernes	Sábado	Domingo
8:00 a 12:00							
12:00 a 18:00							
18:00 a 24:00							

El niño

	Lunes	Martes	Miércoles	Jueves	Viernes	Sábado	Domingo
8:00 a 12:00							
12:00 a 18:00							
18:00 a 24:00							

PARA HABLAR DEL TIEMPO

PREGUNTAR LA HORA	¿Qué hora es?

DECIR LA HORA	Son las tres. Es la una. Son las dos y cinco. Son las dos y cuarto. Son las dos y media. Son las tres menos veinticinco. Son las tres menos cuarto.

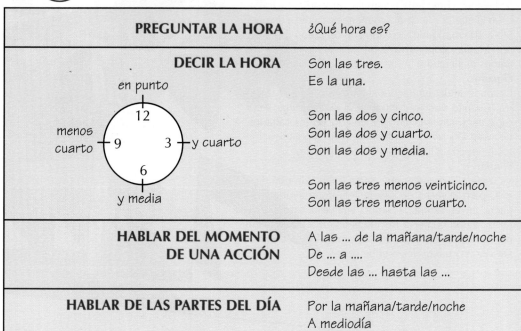

en punto — 12 — menos cuarto — 9 — 3 — y cuarto — 6 — y media

HABLAR DEL MOMENTO DE UNA ACCIÓN	A las ... de la mañana/tarde/noche De ... a .... Desde las ... hasta las ...

HABLAR DE LAS PARTES DEL DÍA	Por la mañana/tarde/noche A mediodía Antes de/Después de comer

2   Indica qué hora es.

Son las siete y diez

8:20   12:45 ó ....   13:30 ó ....

14:50 ó ....   19:00 ó ....

3   Escucha la cinta o mira el vídeo y completa la información con lo que hacen muchos españoles.

vídeo

audio

Se levantan a las ....
Toman un café y un pincho a las ....
Comen a las ....
Cenan a las ....
Se acuestan a las ....

Explica cómo es en tu país.

• Muchos españoles se levantan a las 7 y, normalmente, a esa hora sólo toman un café con leche. Entre las 10 y las 11 se van al bar y toman un café con un pincho de tortilla, un bocadillo o un bollo. La hora de la comida es, en general, entre las 2 y las 4, y la hora de la cena puede ser a las 9 ó 9:30 ó 10:00. Mucha gente se acuesta a las 12 o a la 1.

órbita

1 b

Observa

PARA HABLAR DEL TIEMPO

HABLAR DE LA FRECUENCIA	HABLAR DE LOS DÍAS DE LA SEMANA
Muchas veces	El/los lunes
Normalmente	El/los martes
Alguna vez	El/los miércoles
A veces	El/los jueves
Muy pocas veces	El/los viernes
Casi nunca	El sábado/los sábados
Nunca	El domingo/los domingos
Todos los días/todas las semanas	El fin de semana/los fines de semana
Dos veces por semana	

1

¿Haces estas cosas?, ¿con qué frecuencia?

- Leer el periódico.
- Hacer la compra.
- Ir al cine.
- Hacer deporte.
- Ducharte.
- Ir a clase de español.
- Ver la televisión.
- Bailar.
- Cocinar.
- Hacer alguna actividad artística.
- Hacer psicoterapia.
- Colaborar como voluntario/a.

LUNES

MARTES

MIÉRCOLES

JUEVES

VIERNES

SÁBADO

DOMINGO

@

2 Rellena tu agenda semanal.

	Lunes	Martes	Miércoles	Jueves	Viernes	Sábado	Domingo
8:00							
9:00							
10:00							
11:00							
12:00							
13:00							
14:00							
15:00							
16:00							
17:00							
18:00							
19:00							
20:00							
21:00							
22:00							

¿Recuerdas el verbo LLAMARSE?

(Yo)   **me llamo**
(Tú)   **te llamas**
(Usted/él/ella)   **se llama**
(Nosotros/as)   **nos llamamos**
(Vosotros/as)   **os llamáis**
(Ustedes/ellos/ellas)   **se llaman**

Es igual con verbos como *lavarse, ocuparse, reunirse, ducharse...*

3 Ahora escribe un texto en el que explicas qué haces en una semana.

Los lunes ....
....
....
....
....
....
....
....
....
....
....
....
....
....
....
....

órbita

TEMA 4. LA SOLIDARIDAD

Gramática activa

1

Di qué cosas piensas que hace una ONG (Organización No Gubernamental).

ONG ─────► cooperar

2

Escucha la cinta o mira el vídeo.

vídeo

audio

Ayuda en Acción

• Hoy en este programa vamos a hablar de las ONGs y tenemos aquí a un voluntario. Buenos días, Daniel.
• Buenos días.
• ¿Qué es Ayuda en Acción?
• Bueno, es una organización de ayuda al desarrollo, principalmente en la India, en Nepal y Perú. Trabaja para mejorar la calidad de vida. Colabora con organizaciones del país: no queremos simplemente dar ayuda, queremos crear estructuras a largo plazo y por eso colaboramos con organizaciones del país.
• Y, ¿qué estáis haciendo en estos momentos?
• Pues yo ahora estoy trabajando en un Proyecto de Desarrollo de la Sierra Peruana. Desde hace tiempo estamos canalizando agua para llevarla a un pueblo. Al mismo tiempo, estamos ayudando a la organización del trabajo de una cooperativa de mujeres. También estamos creando escuelas.
• Muchas gracias. Os deseamos mucha suerte, y hasta pronto.

3

Escucha otra vez y responde.

¿Qué objetivos tiene?

¿Qué está haciendo?

¿Dónde tiene un proyecto de desarrollo?

¿Qué es Ayuda en Acción?

Ayuda en Acción es una organización que, en general,
• quiere mejorar la situación de algunos países;
• normalmente colabora con organizaciones del país;
• promueve el apadrinamiento de niños.

En Perú, en estos momentos, Ayuda en Acción
• está trabajando en un proyecto de desarrollo de la Sierra peruana.
• está canalizando agua para un pueblo.
• está colaborando con una cooperativa de mujeres al mismo tiempo.

Siempre   Todos los días
Trabajo
Normalmente   Habitualmente

En estos momentos
Estoy trabajando
Ahora   Actualmente

ESTAR + GERUNDIO

(Yo)	**Estoy**
(Tú)	**Estás**
(Usted/él/ella)	**Está**
(Nosotros/as)	**Estamos**
(Vosotros/as)	**Estáis**
(Ustedes/ellos/ellas)	**Están**

- **ando** (AR, estudiar)
- **iendo** (ER o IR, comer, vivir)

Algunos verbos especiales:

Ir	**YENDO**
Leer	**LEYENDO**
Dormir	**DURMIENDO**

4 En círculo: cada uno/a representa una acción. Los/las compañeros/as adivinan qué está haciendo.

5 Piensa en tres personas que conoces. Mira tu reloj. ¿Qué crees que están haciendo ahora?

PERSONA   Ej.: ¿Qué crees que está haciendo Anita?
1. ....
2. ....
3. ....

6 Pon el verbo en la forma correcta.

1. Todos los días por la noche (LLAMAR, él) .... por teléfono a su novia.
Son las 22.15, en este momento (LLAMAR, él) .... a su novia.
2. (SER, yo) .... ingeniero y (TRABAJAR) .... en una importante empresa. Actualmente (TRABAJAR) .... en un proyecto de desarrollo.
3. Normalmente (LEER, yo) .... poco, pero últimamente (LEER) .... mucho.
4. Desde hace unos meses (FUMAR, yo) .... menos que antes.
5. Yo, normalmente, (DORMIR) .... bastante, siete u ocho horas al día, pero últimamente, como tengo tanto trabajo, (DORMIR) .... muy poco.

7 ¿Recuerdas algunos verbos especiales? Pon las formas en los cuadros y completa.

duermo   vienen   piensa   empiezas   entiendo   digo   dormís
podemos   sabéis   oímos   vengo   decimos   volvemos
empezamos   puede   oigo
vuelves   pensáis   oye   pueden   dices   sabe
sé   entienden   salgo

	SABER	VENIR	DECIR	SALIR	OÍR
(Yo)					
(Tú)					
(Usted/él/ella)					
(Nosotros/as)					
(Vosotros/as)					
(Ustedes/ellos/ellas)					

	PENSAR	EMPEZAR	ENTENDER	PODER	VOLVER	DORMIR
(Yo)						
(Tú)						
(Usted/él/ella)						
(Nosotros/as)						
(Vosotros/as)						
(Ustedes/ellos/ellas)						

práctica global

órbita 1

Haz una entrevista a tu compañero/a. Infórmate de:

Día / Hora
Semana
Año
Trabajo

- actividades cotidianas y horarios

- actividades semanales y frecuencia

- cuándo tiene vacaciones y qué hace normalmente

- profesión o estudios y qué está haciendo actualmente

Ej.: Manuel es profesor y ahora está haciendo un curso.

MESES		ESTACIONES
Enero		
Febrero		INVIERNO
Marzo		
Abril		
Mayo		PRIMAVERA
Junio		
Julio		
Agosto		VERANO
Septiembre		
Octubre		
Noviembre		OTOÑO
Diciembre		

órbita

TEMA 4. LA SOLIDARIDAD

2a

Transcripción en pág. 134.

1 Marca lo que haces normalmente.

1. Ves a tus amigos:
  - ☐ todos los días
  - ☐ una vez a la semana
  - ☐ una vez al mes
  - ☐ muy poco

2. Dónde quedas:
  - ☐ cada vez en casa de un amigo
  - ☐ siempre en la misma casa
  - ☐ en un bar
  - ☐ siempre en el mismo bar
  - ☐ otro: ....

3. Cómo preparas la cita:
  - ☐ les llamas por teléfono
  - ☐ vas a su casa directamente
  - ☐ vas a un bar donde sabes que están

2 Escucha la cinta o mira el vídeo y contesta con verdadero (V) o falso (F).

	V	F
1. Carlos es hermano de Manuel.	☐	☐
2. Hace mucho tiempo que no se ven.	☐	☐
3. Van a quedar mañana para cenar.	☐	☐
4. Mañana Carlos no tiene tiempo.	☐	☐
5. Van a quedar en el restaurante "Casa Domínguez".	☐	☐
6. El jueves Carlos no tiene tiempo.	☐	☐

3 Lee ahora las frases desordenadas del diálogo y ordénalas.

- ☐ Hombre, Carlos, ¡cuánto tiempo! ¿Qué tal?
- ☐ ¿Vamos a Casa Domínguez?
- ☐ Perfecto. ¿Cómo quedamos?
- ☐ ¡Hombre, Manuel! Muy bien, ¿y tú?
- ☐ Vale, entonces el jueves a las 10 en Casa Domínguez.
- ☐ Hasta el jueves.
- ☐ Vale... ¿y qué tal el jueves?
- ☐ Oye... ¿y si quedamos mañana y cenamos juntos?
- ☐ ¿El jueves a las 10?
- ☐ Huy, es que mañana no me va bien, tengo otra cita.
- ☐ Muy bien, hasta el jueves.
- ☐ Muy bien, ¿qué es de tu vida? Hace mucho que no nos vemos.
- ☐ Pues, sí. A ver si nos vemos un día con más tiempo.

Ahora escucha otra vez y comprueba.

ANUNCIAR UN ENCUENTRO	A ver si...	nos vemos un día. me llamas y quedamos.
PROPONER UN ENCUENTRO	¿Por qué no... ¿Y si... ¿Qué tal si... ¿Te apetece...	comemos juntos? nos vemos mañana? ir al cine? jugar al tenis?
PROPONER UNA ACTIVIDAD	¿Vamos...	al cine? a comer?
CONCERTAR UNA CITA	¿Cómo quedamos? ¿Cuándo nos vemos? (Dónde, a qué hora, qué día)	
REHUSAR UNA CITA	(No) Es que...	tengo otra cita. no puedo. tengo mucho trabajo.

4 Con la hoja de la semana que has hecho antes, piensa en cuatro cosas que quieres hacer con algún compañero/a de clase. Piensa dónde, cuándo y cómo quedas con él/ella. Para ayudarte puedes utilizar este material. Propón una actividad y tu compañero/a te contesta.

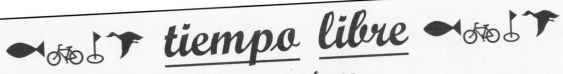

tiempo libre

EXPOSICIONES

ACADEMIA DE BELLAS ARTES DE SAN FERNANDO. Alcalá, 13 915 321 546/915 321 549. Eduardo Chillida: *Johann-Sebastian Bach.* Pintura. Hasta el 15 de marzo.

CAFÉ BARBIERI. Ave María, 45. Juan Acosta: *Secuencia de Rastros.* Pintura. Hasta el 12 de marzo.

MUSEOS

ARTES DECORATIVAS. Montalbán, 12. Tel.: 915 326 499. Horario: de martes a viernes, de 9 a 15 horas; sábado y domingo, de 10 a 14 horas. Lunes cerrado. Precio: 400 pesetas; niños, gratis.

CIENCIAS NATURALES. José Gutiérrez Abascal, 2 . Tel.: 915 618 600. Horario: de martes a viernes, de 10 a 18 horas; sábado de 10 a 14 horas; domingos y festivos, de 10 a 14:30 horas. Lunes cerrado. Precio: 400 pesetas.

EJÉRCITO. Méndez Núñez, I. Tel.: 915 228 977. Abierto de martes a domingo, de 10 a 14 h. Lunes cerrado. Precio: 100 ptas.

ERMITA DE SAN ANTONIO DE LA FLORIDA. Paseo de la Florida, 5. Tel.: 915 420 722. Horario: de martes a viernes, de 10 a 14 horas y de 16 a 20 horas. Lunes cerrado. Precio: 300 pts. Frescos de Goya. Pintura. Descuento grupos.

MÚSICA

• **FLAMENCO**

VI FESTIVAL FLAMENCO CAJA MADRID. Actúan: al cante, Chaquetón, José Menese, José de la Tomasa y Vicente Soto Sordera; a la guitarra, Paco Cepero, Enrique de Melchor y José Luis Postigo, en el Teatro Albéniz (Paz, 11), a las 21:30 horas. 2.500 - 3.000 pts. Venta anticipada en las taquillas y Caja Madrid, (Tel.: 902 488 488)

• **CLÁSICA**

ORQUESTA NACIONAL DE ESPAÑA. Director: Kurt Sanderling. Violín: Antje Weithaas. Violonchelo: Michael Sanderling. Interpretarán obras de Brahms, en el Auditorio Nacional, (Príncipe de Vergara, 146) a las 19:30 h. Sala Sinfónica.

ENTRADAS

CONCIERTOS CON ENTRADAS A LA VENTA

SPICE GIRLS. Lunes 16 de marzo, a partir de las 22:00 horas, en el Palacio de Deportes de la Comunidad de Madrid. 3.200 - 3.500 y 4.200 ptas. En Madrid Rock y Crisol.

CINE

ABRE LOS OJOS. España, 1997. 119 m. Drama. Mayores de 13 años. Director: Alejandro Amenábar. Intérpretes: Eduardo Noriega, Penélope Cruz, Najwa Nimri. Tras sufrir un accidente, un joven de buena familia sufre un radical cambio de carácter. Acteón, Cristal, Multicines Ideal, Princesa, Multicines Cisneros (Sala 3) (Alcalá de Henares).

AIRBAG. España, 1997. 120 m. Comedia. Mayores de 13 años. Director: Juanma Bajo Ulloa. Intérpretes: Karra Elejalde, Rosa María Sardá, Pilar Bardem, Fernando Guillén Cuervo. Tres amigos de la burguesía se ven obligados a recuperar una valiosa joya. Eso provoca que se vean envueltos en una trepidante aventura. Princesa (Sala 2).

TEATRO

BELLAS ARTES. Marqués de Casa Riera, 2. Tel.: 915 324 437/915 324 438. Metro Banco. Aparcamientos Las Cortes y Sevilla. Precios reducidos en las funciones del miércoles, jueves y primera del domingo. **Luces de Bohemia.** De Ramón María del Valle-Inclán. Director: José Tamayo. Con Manuel de Blas, Walter Vidarte, José Hervás y José Alviach. Pases: consultar con la sala. Hasta el 8 de marzo. Drama.

Próximamente, **Doña Rosita la soltera**, de Federico García Lorca. Comedia.

5

¿Qué haces en tu tiempo libre?, ¿qué te gusta hacer y qué te aburre? Coméntalo con tus compañeros/as.

Ej.: A mí me gusta jugar al tenis, pero me aburre jugar al ajedrez.

6

Marca de esta lista las cosas que te gustan y las que no.

☐ Ver las diapositivas de un viaje de un/-a compañero/a.
☐ Asistir a una conferencia sobre arañas.
☐ Jugar al golf.
☐ Ir a casa de la familia de un/-a amigo/a.
☐ Ir a un concierto de música clásica.
☐ Ir a una sesión de espiritismo.
☐ Ir a una reunión política.
☐ Ver la colección de sellos de un/-a amigo/a.
☐ Escuchar tocar la guitarra a un/-a amigo/a que está aprendiendo.
☐ Acompañar a alguien a comprarse el traje de novio/a.
☐ Hacer una excursión a caballo.
☐ Ir a la piscina.

Propón a tu compañero/a cinco de estas actividades. Tu compañero/a te propondrá otras, acepta o rechaza según tus gustos.

Recuerda que para decir que NO utilizamos:

Lo siento, pero es que
No, es que
{ no me apetece mucho.
no tengo tiempo.
no puedo.
estoy cansado/a.
tengo que ir a casa de mis padres.

órbita

Gramática activa

2b

PARA HABLAR DEL FUTURO

> De mayor voy a ser futbolista

> Este año voy a empezar la carrera de ingeniería

> Voy a casarme y voy a tener tres hijos

¿Y tú, qué vas a hacer?

(Yo)	**voy**
(Tú)	**vas**
(Usted/él/ella)	**va** + **a** + infinitivo
(Nosotros/as)	**vamos**
(Vosotros/as)	**vais**
(Ustedes/ellos/ellas)	**van**

---

1   **Mira la mano de tu compañero/a y dile con fantasía el futuro.**

Ej.: Vas a tener una vida muy larga.

A HIJOS
B SALUD
C DINERO
D DESTINO
E CORAZÓN
F PERSONALIDAD
G VIDA

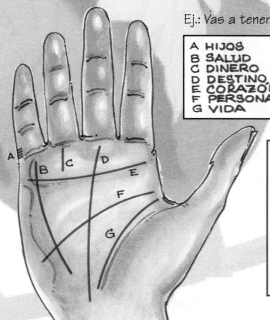

PARA AYUDARTE, PUEDES USAR:

Este invierno
El verano próximo
En Navidad

2

Habla con tu compañero/a e infórmate de qué va a hacer y cuándo.

 **Observa**

PARA HABLAR DEL FUTURO

Mañana
Pasado mañana
Este verano
El año que viene
Las próximas vacaciones
Después de clase
Antes de ir a casa
Al terminar la clase
Dentro de dos días
Dentro de una hora
Dentro de...

Podemos utilizar diferentes expresiones:

Ir a + infinitivo ⟶ **Decisiones**
Pienso + infinitivo ⟶ **Proyectos**
Quiero + infinitivo ⟶ **Deseos**

Este verano voy a ir a Perú.
Un día pienso ir a Perú, no sé cuándo, pero un día.
Dentro de dos años quiero ir a Perú.

práctica global

órbita 2

Piensa con cuál de estos personajes quieres quedar, qué vas a hacer, cómo quedas con él/ella y cuándo. Escribe un diálogo.

tarea final

@

1 Elige una persona de estas fotos e imagínate su vida. Contesta a estas preguntas.

¿Qué hace normalmente esta persona (en un día normal, en un año)?
¿Qué crees que está haciendo en este momento?
¿Qué va a hacer dentro de unos años?

2 Escribe una historia con la vida de la persona que tú has elegido.

• Fíjate en estas personas. ¿De dónde crees que son?

¿En tu país hay indígenas?, ¿qué significa para ti "indígena"?

• Aquí tienes una definición del Grupo de Trabajo de Pueblos Indígenas de la ONU:

En un país independiente son pueblos indígenas los descendientes de poblaciones anteriores a la conquista o colonización. Independientemente de su situación jurídica conservan sus propias instituciones sociales, económicas o políticas. Además son conscientes de su propia identidad como indígenas.
(Texto adaptado).

• Con los elementos que te damos escribe con tu compañero/a tu propia definición de Pueblo Indígena:

FUERTE CONOCIMIENTO DE LA NATURALEZA.
UNIÓN CON LA TIERRA.
MITOS Y RITUALES.
300 MILLONES EN EL MUNDO.

• ¿Conoces estos monumentos? ¿Dónde se encuentran? ¿Puedes situarlos en el mapa de Hispanoamérica? ¿Los asocias con alguna de estas culturas?:

• AZTECAS • MAYAS • INCAS

• Aquí tienes una breve descripción de estas culturas. La clase se divide en tres grupos. Cada grupo lee una, la comenta y se lo cuenta al pleno.

Aztecas: Pueblo indio de la familia lingüística náhuatl. Desarrolla en México una cultura brillante desde el siglo XIV hasta la conquista. Tiene un espíritu guerrero y consigue dominar la zona. La base de su economía es la agricultura. Su escritura es jeroglífica y su arte se desarrolla en arquitectura, escultura, joyería, poesía y danza. Poseen un calendario astronómico y litúrgico.

illones]

Mayas: familia de pueblos indios de Centroamérica: México, Guatemala, Honduras y El Salvador. Durante unos 2.000 años desarrollan una de las culturas más importantes de Latinoamérica. Sus manifestaciones culturales más grandes son arquitectónicas (Pirámide de Chichén-Itzá), escultóricas (Tikal) y pictóricas (Mural de Palenque).

Incas: poderoso imperio fundado en el siglo XII por una tribu de lengua quechua. Se extiende desde el sur de Colombia hasta Chile. Cuzco es la capital del imperio. Allí reside el Inca, monarca absoluto. La sociedad incaica tiene una estructura muy complicada. Su actividad principal es la agricultura. Adoran al dios Sol, la Luna y los fenómenos naturales. Su arte se refleja en la cerámica, la poesía, la música y la danza. La arquitectura es sólida y sencilla (por ejemplo, la Fortaleza de Machu-Picchu).

• ¿Sabes algo más de estas culturas?

¿Sabías que muchos de los descendientes de estas culturas no hablan español, sino que siguen hablando quechua, maya o náhuatl? ¿Sabías que son poblaciones marginales y que necesitan apoyo internacional?

• Aquí te presentamos esta estimación de la población indígena en Hispanoamérica. ¿Qué conclusiones sacas?

País
....
Datos del censo
....
Número de población indígena
....
Porcentaje sobre el total de la población
....

Estimaciones alternativas
Número de población indígena
....
Porcentaje sobre la población total
....

PAÍS	Datos del censo		Estimaciones alternativas	
	Número de población indígena	Porcentaje sobre la población total	Número de población indígena	Porcentaje sobre la población total
ARGENTINA	-	-	360.000	1.10
BOLIVIA	2.754.000	54.0	4.150.000	56.80
CHILE	-	-	550.000	4.20
COLOMBIA	225.830	0.8	300.000	0.90
COSTA RICA	-	-	26.000	0.90
ECUADOR	-	-	3.100.000	29.50
EL SALVADOR	-	-	1.000	0.02
GUATEMALA	2.536.523	42.0	3.900.000	43.80
HONDURAS	48.789	1.3	110.000	2.10
MÉXICO	5.181.038	9.0	12.000.000	14.20
NICARAGUA	-	-	48.000	1.20
PANAMÁ	72.615	4.0	99.000	4.10
PARAGUAY	18.317	1.2	80.000	1.90
PERÚ	3.626.944	24.8	9.100.000	40.80
VENEZUELA	140.562	0.9	150.000	0.80

SEGÚN DATOS DEL BANCO MUNDIAL, 1994

La reunión de Pueblos Indígenas de 1996 en Copenhague declara que para ayudarles es necesario:

• Mantener la unidad comunitaria.
• Hacer más fuerte el mundo espiritual, la libertad física de hombres y mujeres.
• Mantener los principios de respeto mutuo, hermandad y justicia en el reparto de bienes y riqueza.
• Desarrollar programas de producción indígena.
• Desarrollar acciones de cooperación entre los pueblos y sus organizaciones.

• ¿Qué otro tipo de medidas se te ocurren? Discútelo con la clase.

♥ Explica qué ocurre en esta historia. ¿Qué están haciendo?
¿Qué le va a suceder al señor?

Con la

En esta unidad has aprendido.

• **VOCABULARIO.** Recuerda las palabras de:

los días de la semana	lunes
los meses del año	enero
las estaciones	primavera

• **GRAMÁTICA.** Recuerda la forma de algunos verbos especiales del presente.

	DORMIR	PENSAR	ENTENDER
(Yo)	....	....	....
(Tú)	....	....	....
(Usted/él/ella)	....	....	....
(Nosotros/as)	....	....	....
(Vosotros/as)	....	....	....
(Ustedes/ellos/ellas)	....	....	....

-La forma de ESTAR + -ANDO/-IENDO y las formas especiales:

(Yo)	....
(Tú)	estás
(Usted/él/ella)	.... + comiendo
(Nosotros/as)	....
(Vosotros/as)	....
(Ustedes/ellos/ellas)	....

Ir - **yendo**

-Los verbos reflexivos en presente.

	LLAMARSE
(Yo)	....
(Tú)	....
(Usted/él/ella)	....
(Nosotros/as)	....
(Vosotros/as)	....
(Ustedes/ellos/ellas)	....

-La forma del futuro:

1. Hablar de decisiones, de cosas que se van a hacer:

2. Hablar de proyectos, de ideas para el futuro:

3. Hablar de deseos o intenciones para el futuro:

• **¿CÓMO SE DICE?** Recuerda cómo dices para:

Quedar/proponer un encuentro	
Situar una acción en el futuro	el próximo año.

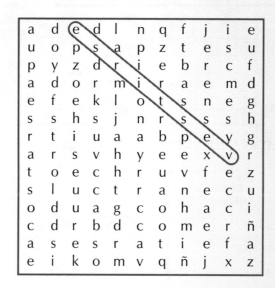

@

Tema 4 En autonomía

1. Escribe qué hora es.

8:15	*Son las ocho y cuarto de la mañana.*
6:35	....
6:30	....
12:00	....
13:20	....
22:15	....
22:45	....
23:05	....

2. Encuentra nueve verbos de acciones habituales.

a	d	e	d	l	n	q	f	j	i	e
u	o	p	s	a	p	z	t	e	s	u
p	y	z	d	r	i	e	b	r	c	f
a	d	o	r	m	i	r	a	e	m	d
e	f	e	k	l	o	t	s	n	e	g
s	s	h	s	j	n	r	s	s	s	h
r	t	i	u	a	a	b	p	e	y	g
a	r	s	v	h	y	e	e	x	v	r
t	o	e	c	h	r	u	v	f	e	z
s	l	u	c	t	r	a	n	e	c	u
o	d	u	a	g	c	o	h	a	c	i
c	d	r	b	d	c	o	m	e	r	ñ
a	s	e	s	r	a	t	i	e	f	a
e	i	k	o	m	v	q	ñ	j	x	z

3. Explica qué hace el Sr. García todos los días.

1   2   3

4   5   6

4. Explica qué haces tú:

- todos los días
- alguna vez a la semana
- una o dos veces al mes
- casi nunca
- nunca

5. Forma el gerundio de estos verbos.

ir
vivir
leer
decir
cantar
hacer
escribir
trabajar
comprar
dormir
oír
correr
volver

6. Explica estas historias, qué hacen normalmente y qué están haciendo ahora.

A  1

Le gusta bailar y dos veces a la semana, los martes y los jueves, va a la discoteca.

 2

Hoy es jueves y está bailando.

Todos los días...

Ahora...

Los domingos...

Hoy es domingo...

Por las noches habla con su novio.

Son las 10 de la noche.

7. Escucha estos diálogos y contesta.

		¿Quedan?		
	Sí	¿Dónde y cuándo?	No	¿Por qué?
1.				
2.				
3.				
4.				

8. Completa el esquema con los siguientes elementos.

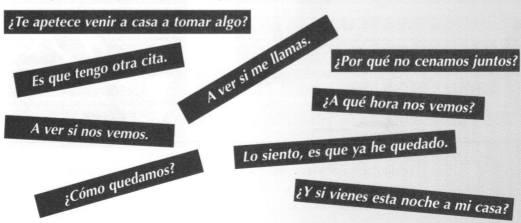

¿Te apetece venir a casa a tomar algo?

Es que tengo otra cita.

A ver si me llamas.

¿Por qué no cenamos juntos?

¿A qué hora nos vemos?

A ver si nos vemos.

Lo siento, es que ya he quedado.

¿Cómo quedamos?

¿Y si vienes esta noche a mi casa?

Anunciar una cita ....

Proponer una cita ....

Concertar una cita ....

Aceptar ....

Excusarse ....

9. Paco quiere encontrarse con estos amigos.

Aquí tienes su agenda y las citas que ha hecho. Escribe los diálogos con sus amigos.

Carolina

Pepa

Antonio

José

	Lunes	Martes	Miércoles	Jueves	Viernes	Sábado	Domingo
	20:00 Bar "La caña loca". Carolina		14:00 Pepa. Restaurante "Libertad"		22:00 Cine Roxy con Antonio	10:00 Exposición Picasso. Centro de Arte Reina Sofía. José	

10. Relaciona.

- Me voy a casar dentro de dos meses.
- Pues, yo pienso tener un hijo, no sé cuándo, pero uno.
- ¡Por fin tengo dinero! Me voy a comprar un coche…
- Este verano quiero viajar, quiero ir a Kenia.
- Este fin de semana pienso quedarme en casa todo el día, estoy cansadísimo.
- Hoy voy a estudiar muchísimo, mañana tengo un examen dificilísimo.
- Mañana quiero ir a ver la exposición de Frida Kahlo, dicen que es muy interesante.

DECISIÓN

INTENCIÓN

DESEO

11. Responde a estas preguntas con IR A, PENSAR, QUERER.

1. ¿Qué vas a hacer este fin de semana?
2. ¿Qué vas a hacer las próximas vacaciones?
3. ¿Piensas tener hijos?, ¿cuántos?
4. ¿Qué vas a hacer al final del curso?
5. ¿Qué vas a hacer en el futuro?

12. Responde con DENTRO DE.

1. ¿Cuándo vas a cortarte el pelo?   *Dentro de una semana.*
2. ¿Cuándo vas a comer?
3. ¿Cuándo quedamos?
4. ¿Cuándo son las próximas vacaciones?
5. ¿Cuándo vas a ir a clase?

EL RESPETO: *mujeres y*

Versión
Mercosur
pág. 150

♥ Mapa mental

Hablar de acontecimientos pasados

Yo he visto un ovni

El año pasado estuve en Lima

Me casé hace 2 años

Situar momentos en una biografía

De pequeño

A los 15 años

Vas a aprender a....

Generalizar

Todo el mundo...

La mayoría...

Mucha gente...

Reaccionar

¡Qué bien! (con agrado)

¡Anda! (con sorpresa)

¡Qué horror! (con disgusto)

Expresar opinión

Opinar — Yo creo que...

Expresar acuerdo — Es verdad

Expresar desacuerdo — No estoy de acuerdo

Valorar — Me parece fatal

Haz una lista de las profesiones tradicionalmente femeninas y tradicionalmente masculinas.

Compara tu lista con la de tu compañero/a. ¿Crees que ahora la situación es diferente?

Y tú, ¿qué profesión tienes o quieres tener?

Me parece fatal

Yo también

No lo creo

Yo creo que los hombres de hoy en día no colaboran lo suficiente en las tareas de casa

Eso no es verdad

Estoy totalmente de acuerdo

Yo creo que no es así, claro que colaboran

Tienes razón

¡Qué tontería!, claro que colaboran

Observa

EXPRESAR LA OPINIÓN	Yo creo que... A mí me parece que...
EXPRESAR ACUERDO	Yo, también. Es cierto. Es verdad. Estoy totalmente de acuerdo. Tienes razón.
EXPRESAR DESACUERDO	No lo creo. Yo creo que no es así. No es verdad.
VALORAR UNA IDEA	Me parece fatal/muy bien. Es horrible. ¡Qué tontería!

1

Reacciona ante estas ideas.

"Las mujeres tienen que quedarse en casa porque hay mucho paro"

"Las mujeres son las que tienen que educar a los hijos"

"Un hombre puede educar a un hijo igual que una mujer"

"La liberación de la mujer tiene desventajas"

"¿La consecuencia de la liberación de la mujer?: ellas tienen que trabajar el doble"

"Las mujeres también son machistas"

"La igualdad entre mujeres y hombres es buena para toda la sociedad"

"Los hombres, hasta ahora, no participan en el proceso femenino de emancipación"

"La educación de las mujeres es la base para su autonomía económica"

"La sociedad todavía ve a la mujer en el papel de madre"

2

Elige a un/-a compañero/a que está de acuerdo contigo en una frase y escribe un párrafo con la opinión común.

Creemos que los hombres no colaboran lo suficiente en las tareas del hogar

Eso nos parece injusto porque las mujeres también trabajan fuera del hogar.
Pensamos que los hombres tienen que trabajar el 50% en casa

órbita

1b

1

Escucha la cinta o mira el vídeo y marca los tipos de reacción.

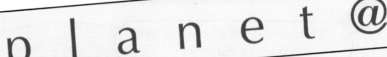

Según la Oficina Internacional del Trabajo, dentro de unos 500 años habrá igualdad laboral entre hombres y mujeres.

Las mujeres españolas están una hora diaria con sus hijos, y los hombres sólo trece minutos.

En Suecia las mujeres que tienen un hijo se pueden quedar en casa 15 meses y, al mismo tiempo, el padre puede trabajar menos durante 18 meses.

El 30 por ciento de las mujeres de algunos países, como Estados Unidos, Canadá, Noruega y Países Bajos, han sufrido malos tratos sexuales en la infancia.

Transcripción completa en pág. 134.

	Sorpresa	Alegría	Tristeza	Desagrado
1				
2				
3				
4				

2

Ahora escucha otra vez y completa:

1. ¿Ah, sí?, pues me parece fatal.
2. ....
3. ....
4. ....

EXPRESAR SORPRESA	¡Anda, no me digas! ¿Ah, sí? ¿De verdad?
EXPRESAR DISGUSTO	¡Qué horror! Es espantoso. Me parece fatal/muy mal/horrible.
EXPRESAR AGRADO	¡Qué maravilla! No me lo puedo creer. ¡Qué bien! Me parece muy bien/fantástico/estupendo.

3 Aquí tienes una serie de noticias de prensa. Reacciona y escucha las reacciones de tus compañeros/as.

p l a n e t @

- En los próximos 25 años va a desaparecer un 25% de especies del planeta.

- Tomar un vaso de vino al día es bueno contra el colesterol.

- Dentro de unos años el ser humano va a colonizar la Luna.

- En EEUU aumenta el número de personas que están en contra de la pena de muerte.

- El 30% de las pequeñas empresas norteamericanas pertenece a mujeres.

4 Escribe con tu compañero/a titulares imaginarios de noticias de la televisión sobre:

1. Un personaje famoso

2. Un acontecimiento deportivo

3. Un escándalo político

4. Un romance secreto

5 Cada pareja da la noticia como en el telediario y escucha las reacciones de todos/as sus compañeros/as.

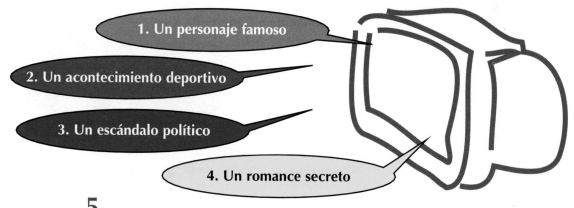

Primer embarazo masculino: Roberto Tripeti espera gemelos

¿Ah, sí?, ¡no me lo digas!

órbita

Gramática activa

1 ¿Sabes quién es esta chica?, ¿cómo se llama en tu idioma? En español se llama Cenicienta. ¿Conoces su historia? Cuéntanosla.

Huérfana
Madrastra
Hermanastra
Barrer
Fregar
Hada madrina
Calabaza

Cenicienta es una chica que ....

....

....

....

....

2 **Cenicienta está esperando a su Príncipe Azul. ¿Sabes qué significa Príncipe Azul? ¿Crees que las mujeres todavía esperan a su Príncipe Azul? Da tu opinión.**

3 **Vamos a ver un diálogo entre Cenicienta y Caperucita Roja.**

¿Qué tal hoy?

¡Hoy ha sido un día terrible! He limpiado toda la casa, he hecho la comida, he lavado la ropa. Después ha venido mi madrastra y nos hemos peleado. Sin embargo, mis hermanastras han estado todo el día en la cama. ¡Y el tonto del Príncipe Azul todavía no ha aparecido! Y tú, ¿qué tal?

Pues nada, en el bosque

4 En el diálogo entre Cenicienta y Caperucita aparecen pasados de: ser, limpiar, hacer, lavar, venir, pelearse, estar, aparecer. ¿Puedes escribir el tiempo completo?

(Yo)	....	
(Tú)	**has**	
(Usted/él/ella)	....	
(Nosotros/as)	....	} + **sido**
(Vosotros/as)	**habéis**	
(Ustedes/ellos/ellas)	....	

5 Este pasado se llama pretérito perfecto. También hay algunos verbos especiales. ¿De qué verbos son estos perfectos?

roto   muerto
hecho   abierto
dicho   escrito   visto
vuelto   puesto

poner   escribir
romper
abrir   morir   ver
volver   hacer
decir

6 Recuerda qué ha hecho Cenicienta hoy y escribe un texto con tu compañero/a.

....
....
....

Observa

USO DEL PERFECTO

CON TIEMPOS NO TERMINADOS *time is not finish*	Hoy Esta mañana / Esta tarde Este año / Este mes	+ perfecto
CUANDO NO SE INFORMA DEL MOMENTO EN QUE ALGO HA PASADO	Alguna vez Dos o tres veces Varias veces Muchas veces	+ perfecto

7 Piensa tres cosas especiales que has hecho, como un viaje, conocer a alguien famoso, hacer algo extraordinario, etc.

después muévete por la clase y busca a alguien que ha hecho algo parecido.

Ejs.:

• ¿Has hecho alguna vez puenting? • Pues, no / Pues, sí, varias veces.	• ¿Has estado en África? • No, nunca / Sí, una vez / Sí, varias veces.

Después presenta los resultados en clase.
Ej.: John y yo hemos hecho puenting, pero nadie ha estado en África, sólo yo.

8

Aquí tienes una lista de actividades, complétala con cosas que crees que se deben hacer en la vida. Marca lo que ya has hecho y lo que todavía no has hecho y cuéntaselo a tu compañero/a.

YA		TODAVÍA NO
☐	tener un gran amor	☑
☐	escribir un libro	☑
☐	tener un hijo/a	☑
☐	aprender un idioma	☑
☑	hacer un viaje a otro continente	☐
☑	plantar un árbol...	☐

Ej.: Ya he plantado un árbol.

9

Cenicienta al salir de la fiesta habla con un lacayo. Imagina sus respuestas.

¿Que tal la fiesta?

Ha sido fantástica, lo he pasado muy bien

¿Y el príncipe?

¿Y la música?

¿Y qué tal la cena?

PARA VALORAR

Ha sido { fantástico / increíble / muy bueno }

Me ha gustado (mucho).
Lo he pasado (muy) bien/mal.

10

Romeo Pérez y Julieta Sánchez tienen hoy una cita a ciegas. Se han conocido por un anuncio en el periódico. Explica qué han hecho. *blind date.*

Levantarse	Ducharse	Bañarse
Vestirse	Peinarse — *brush/comb.*	
Perfumarse	Ponerse desodorante	

Levantarse Me he levantado (Yo)
Se ha levantado (Usted/él/ella)

1

Romeo Pérez se ha levantado.

2

3

4

5

6

1

2

3

Julieta Sánchez ha preparado el baño.

4

5

6

Práctica global

órbita 1

Alguien ha dicho esto, piensa quién lo ha dicho y discútelo con tus compañeros.

Las apariencias engañan

Maika

El padre Ramón

Doña Pilar

Juan

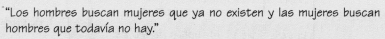
Celia

"Es fantástico lo que las mujeres han hecho para emanciparse. A mí me parece muy bien."

"Las mujeres de hoy en día han perdido la femineidad."

"Es increíble lo que han hecho las mujeres en su lucha por la igualdad. Sin embargo, creo que en algunos puntos se han pasado."

"Creo que la ley del aborto es insuficiente porque sólo contempla unos casos."

Manolo

"Los hombres buscan mujeres que ya no existen y las mujeres buscan hombres que todavía no hay."

"Hay muchos hombres separados que luchan por la custodia de sus hijos, así que la mujer no es la única víctima."

Don José

Ej.: Yo creo que el padre Ramón ha dicho que es fantástico lo que han hecho las mujeres para emanciparse y que le parece muy bien...

La Sra. Jiménez

órbita

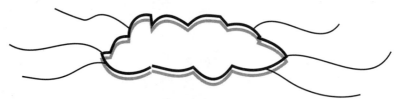

TEMA 5. EL RESPETO

2a

1 ¿Qué momentos esenciales hay en la vida de una persona? Escríbelos.

2 Escucha la cinta o mira el vídeo y toma notas.

vídeo
audio

¿A qué edad?	¿Qué se hace?

• A los siete años, en general, se cambian los dientes y se empieza la escuela. A los catorce empieza la adolescencia, se empieza el segundo ciclo escolar y la mayoría de los adolescentes tiene problemas de identidad. A los 21 la gente ha decidido su futuro profesional y suele tener las primeras relaciones amorosas. A los 28 años la mayoría tiene un novio o una novia y se tiene un equilibrio en el trabajo y también económico. A los 35 uno tiene un fuerte deseo de estabilidad y suele tener hijos.

• La vida de una persona normalmente se desarrolla en septenios, es decir, cada 7 años sucede algún cambio. Nos habla un especialista en la materia.

Observa

PARA HABLAR DE LA GENTE EN GENERAL	La mayoría de Muchos adolescentes La gente Todo el mundo Casi todo el mundo
LA IMPERSONALIDAD	SE+ { hace la primera comunión comienza la escuela cambian los dientes uno/a tiene un fuerte deseo de...
HABLAR DE LA EDAD	A los siete años A los catorce Cuando se tienen 35 años De niño De adulto

En estas situaciones se utilizan

• En general
• Por lo general
• Normalmente
• Generalmente

Y el verbo **SOLER**

Ej.: A los 21 la gente suele tener las primeras relaciones amorosas.

3 ¿Concuerda lo que dice este texto con lo que pasa en tu país? ¿Cuándo empieza el colegio? ¿A qué edad se suele casar la gente?, etc. Explícalo.

4 Lee este texto.

Todo el mundo en España va a la escuela de los 6 a los 16 años, es obligatorio. A los 16 años los adolescentes eligen qué quieren hacer: Algunos jóvenes deciden dejar de estudiar y empezar a trabajar, otros siguen estudiando.

A los 16 años, si todavía estudian, se comienza la Educación Secundaria Post-obligatoria; si se hace el Bachillerato, uno puede elegir entre seis optativas.

A los 18 se termina este ciclo y se elige la Universidad o la Formación Profesional de segundo grado. Los estudiantes que quieren ir a la Universidad tienen que hacer un examen de acceso que se llama prueba de Selectividad.

SISTEMA EDUCATIVO ESPAÑOL

edad			
6	1º Primaria	} 1er ciclo	EDUCACIÓN PRIMARIA
7	2º Primaria		
8	3º Primaria	} 2º ciclo	
9	4º Primaria		
10	5º Primaria	} 3er ciclo	
11	6º Primaria		
12	1º Secundaria	} 1er ciclo	ENSEÑANZA SECUNDARIA OBLIGATORIA (E.S.O.)
13	2º Secundaria		
14	3º Secundaria	} 2º ciclo	
15	4º Secundaria		
16	1º Bachillerato		ENSEÑANZA SECUNDARIA NO OBLIGATORIA
17	2º Bachillerato		

Universidad ⟷ **Formación Profesional Superior**

Dibuja ahora el esquema del sistema educativo de tu país y explícalo.

5 Aquí tienes unas estadísticas de cómo suelen pasar el tiempo libre los españoles. Saca 7 ideas y compáralas con tu país.

EN QUÉ EMPLEAN SU TIEMPO LIBRE %

Salir de casa

	1 ó 2 veces a la semana	una o más veces al mes	menos de una vez al mes	nunca
Comer en un restaurante	11	15	40	34
Cenar en un restaurante	7	15	35	42
Merendar en una cafetería	12	15	18	56
Tomar el aperitivo en un bar	34	16	14	35
Tomar copas en pubs o bares	28	9	10	52
Ir a discotecas	15	6	11	69

Ocupación del ocio

	con frecuencia	de vez en cuando	nunca
Practicar algún deporte	12	11	65
Hacer bricolaje	4	10	74
Practicar algún instrumento musical	3	4	82
Ver la televisión	51	36	4
Ir al cine - teatro - espectáculos	6	20	49
Juegos de cartas	8	17	58
Asistir a conciertos, ópera	2	8	76
Camping, excursiones al aire libre	6	24	48
Ir de tiendas, de compras	7	42	21
Asistir a competiciones deportivas	6	14	62
Lectura	22	23	30

CIS: La Realidad social en España

De C de **Cultura** (*Tareas*, Ed. Difusión)

Ej.: Algunos españoles, el 34%, suelen tomar el aperitivo en un bar una o dos veces por semana.

órbita

TEMA 5. EL RESPETO
Gramática activa

1

Mira estas fotos de Violeta. Imagina qué cosas ha hecho en su vida.

.1

2

3

4

5

6

2

audio

Vamos a escuchar a Violeta hablando de los cambios que le han ocurrido en cada etapa de su vida. Intenta descubrir dos cambios por cada etapa.

A los siete años	fue a colegio
A los catorce años	
A los veintiún años	
A los veintiocho años	
A los treinta y cinco	

- A los siete años mis padres me cambiaron de colegio. Me pasaron de un colegio de monjas a un colegio laico y mixto. Fue un cambio muy positivo. Ese año nació mi hermana pequeña.
- A los catorce años nos cambiamos de piso. Cambié todos mis amigos. Entré en el Instituto y empecé a interesarme por cuestiones políticas y religiosas. Escribí un cuento y gané mi primer premio literario.
- A los veintiuno tuve mi primer novio, pasé algún tiempo en el extranjero y empecé mi especialidad universitaria. También empecé a trabajar.
- A los veintiocho hice un viaje a otro continente, conocí al gran amor de mi vida y empecé la relación que ahora tengo. En mi empresa también cambié mi puesto de trabajo y tuve más responsabilidades.
- Ahora tengo treinta y cinco y hace dos años, a los treinta y tres, tuve mi primer hijo.

3 Violeta ha utilizado otro tiempo del pasado, ¿puedes completar el esquema?

	-AR CAMBIAR	-ER NACER	-IR ESCRIBIR
(Yo)	cambié		escribí
(Tú)	cambiaste		escribiste
(Usted/él/ella)	cambió	nació	escribió
(Nosotros/as)	cambimos		escribimos
(Vosotros/as)	cambiasteis		escribisteis
(Ustedes/ellos/ellas)	cambian	nacieron	escribieron

Hay otros verbos que son especiales, como:

	IR	TENER	HACER
(Yo)	fui	tuve	hice
(Tú)	fuiste	tuviste	hiciste
(Usted/él/ella)	fue	tuvo	hizo
(Nosotros/as)	fuimos	tuvimos	hicimos
(Vosotros/as)	fuisteis	tuvisteis	hicisteis
(Ustedes/ellos/ellas)	fueron	tuvieron	hicieron

4 Escribe un texto con tus septenios utilizando este pasado, pero no pongas tu nombre. Mételo en un sobre o dóblalo y ponlo junto a los de tus compañeros; toma uno, léelo, imagina de quién es y explícalo a la clase.

Yo creo que esto es de Dominique, porque...

5 ¿Te has fijado que en español hay dos tiempos del pasado? Esta nueva forma es el pretérito indefinido y se utiliza con las expresiones escritas abajo en la columna de la derecha. ¿Puedes recordar las expresiones que se utilizan con el perfecto y completar la columna de la izquierda?

PRETÉRITO PERFECTO	PRETÉRITO INDEFINIDO
Este año ←	ayer anteayer anoche el año pasado la semana pasada hace 2 años hace mucho tiempo en 1969 en enero el 14 de diciembre
	Cuando explicamos cuándo ha ocurrido algo

@

6 Rellena esta agenda con lo que hizo tu compañero/a ayer y lo que ha hecho hoy.

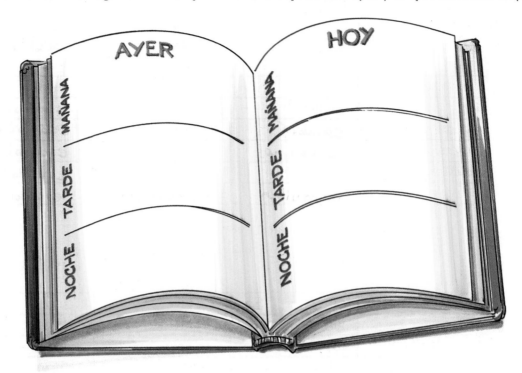

AYER — HOY

MAÑANA / TARDE / NOCHE

7 Explica estos acontecimientos y ponlos en relación con el año actual.

1981
Lanzamiento del PC (Personal Computer)

1971
Creación de Greenpeace

1996
Mandela Presidente de Sudáfrica

1986
Adhesión de España y Portugal a la UE (Unión Europea)

1989
Caída del muro de Berlín

1978
Nacimiento de la primera niña por fecundación *in vitro*

1997
Clonación de la oveja Dolly

1991
Firma del tratado de Mercosur

1969
El ser humano llega a la Luna

1998
Nacimiento del Euro

1996
Cumbre mundial sobre las mujeres

Ej.: En 1971 se creó Greenpeace.
Hace x años se creó Greenpeace.

1982
Descubrimiento del virus causante del SIDA

Aquí tienes palabras para contar noticias.

- Guerra
- Catástrofes naturales
- Accidente
- Elecciones
- Avances científicos o tecnológicos
- Atentados
- Acuerdo de paz
- Muerte de persona célebre
- Nuevas leyes
- etc.

Vamos a hacer un concurso, a ver quién recuerda más cosas: recuerda con tu compañero/a qué acontecimientos importantes ocurrieron el año pasado. Después todas las parejas dicen lo que recuerdan y la pareja que dice más cosas gana.

1 ¿Conoces a alguna de estas mujeres? Subraya a las que conozcas. ¿Qué hicieron?

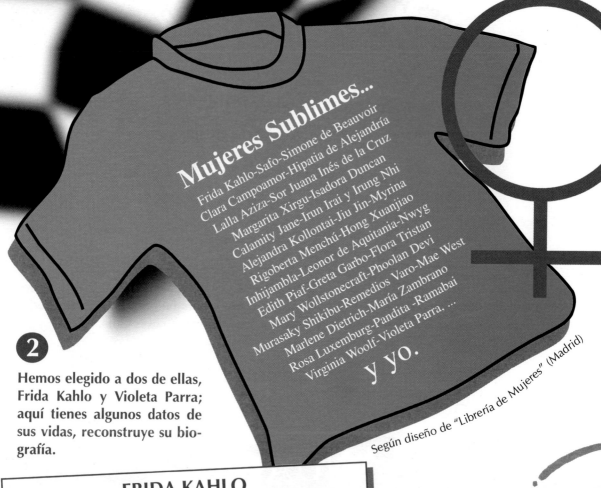

Mujeres Sublimes...

Frida Kahlo-Safo-Simone de Beauvoir
Clara Campoamor-Hipatia de Alejandría
Lalla Aziza-Sor Juana Inés de la Cruz
Margarita Xirgu-Irun Irai y Irung Nhi
Calamity Jane-Isadora Duncan
Alejandra Kollontai-Jiu Jin-Myrina
Rigoberta Menchú-Hong Xuanjiao
Inhijambla-Leonor de Aquitania-Nwyg
Edith Piaf-Greta Garbo-Flora Tristan
Mary Wollstonecraft-Phoolan Devi
Murasaky Shikibu-Remedios Varo-Mae West
Marlene Dietrich-María Zambrano
Rosa Luxemburg-Pandita -Ramabai
Virginia Woolf-Violeta Parra, ...

y yo.

Según diseño de "Librería de Mujeres" (Madrid)

2

Hemos elegido a dos de ellas, Frida Kahlo y Violeta Parra; aquí tienes algunos datos de sus vidas, reconstruye su biografía.

FRIDA KAHLO

- Nace en Coyoacán (México, D.F.).
- A los 8 años tiene poliomielitis.
- 1925. Tiene un accidente de autobús, queda inválida. Nueve meses en la cama. Empieza a pintar.
- 1929. Se casa con Diego Rivera.
- 1935. Se separa y va a España.
- 1937. Conoce a Trotski y tiene una relación secreta con él.
- 1938. Inaugura su primera exposición en Nueva York.
- 1939. Lleva su obra a París. Conoce a Picasso, Miró y Kandinski.
- 1939. Se divorcia de Diego Rivera.
- Aloja en su casa a Ramón Mercader del Río, asesino de Trotski.
- 1941. Se vuelve a casar con Diego Rivera.
- 1942. Comienza una dolorosa enfermedad.
- 1954. Muere.

VIOLETA PARRA

- Nace en San Carlos (Chile).
- A los 18 años: estudia en la Universidad de La Concepción.
- Viaja por todo el país.
- Canta, compone canciones, pinta, hace escultura, escribe, hace trabajo artesanal.
- Tiene dos hijos: Isabel y Ángel.
- 1967. Compone la canción "Gracias a la vida".
- 1967. Se suicida.

final

3 Aquí tienes un ejemplo de sus obras: ¿qué te sugiere cada uno de ellos?

Arte en Iberoamérica

MINISTERIO DE CULTURA

GRACIAS A LA VIDA

1 Gracias a la vida, que me ha dado tanto:
me dio dos luceros que, cuando los abro,
perfecto distingo lo negro del blanco,
y en el alto cielo, su fondo estrellado
y en las multitudes, el hombre que yo amo.

2 Gracias a la vida, que me ha dado tanto:
me ha dado el oído, que en todo su ancho
graba noche y día grillos y canarios,
martillos, turbinas, ladridos, chubascos
y la voz tan tierna de mi bienamado.

3 Gracias a la vida, que me ha dado tanto:
me ha dado el sonido y el abecedario.
Con él las palabras que pienso y declaro,
madre, amigo, hermano y luz alumbrando
la ruta del alma del que estoy amando.

4 Gracias a la vida, que me ha dado tanto:
me ha dado la marcha de mis pies cansados.
Con ellos anduve ciudades y charcos,
playas y desiertos, montañas y llanos
y la casa tuya, tu calle y tu patio.

5 Gracias a la vida que me ha dado tanto:
me dio el corazón, que agita su marco,
cuando miro el fruto del cerebro humano,
cuando miro el bueno tan lejos del malo,
cuando miro el fondo de tus ojos claros.

6 Gracias a la vida, que me ha dado tanto:
me ha dado la risa y me ha dado el llanto.
Así yo distingo dicha de quebranto,
los dos materiales que forman mi canto
y el canto de ustedes, que es el mismo canto,
y el canto de todos, que es mi propio canto.

Gracias a la vida.   *Violeta Parra*

4 Relaciona las estrofas de la canción con las ideas.

Gracias a la vida, que me ha dado la lengua para comunicarme y pensar. **a**

Gracias a la vida, que me ha dado la posibilidad de moverme. **b**

Gracias a la vida por darme oídos para oír. **c**

Gracias a la vida, que me ha dado la alegría y la tristeza que expreso en mis canciones. **d**

Gracias a la vida, que me ha dado el corazón y la inteligencia. **f**

Gracias por darme ojos para ver. **e**

5 Elige el personaje que tú crees más sublime de la historia y escribe su biografía.

grupo A

Aquí te presentamos algunos datos importantes de la historia de España.
¿Puedes interpretarlos?

E S P A Ñ A

• Independencia de los países hispanoamericanos.
(Siglo XIX)

• Guerra civil española.
(1936-1937)

• Gobierno de la dictadura de
Franco.
(1939-1975)
• Cambio de la dictadura a la democracia.
Juan Carlos I, Rey de España.
(1975)

• España y Portugal entran en la UE.
(1986)

Para ayudarte:
conquistar
luchar
reinar
expulsar
llegar
unificar
independizarse
gobernar
cambiar
entrar

• Conquista romana.
(Siglo III a. C.)

• Conquista árabe.
(711)
• Conquista de Granada, la última
ciudad española bajo el dominio
árabe. Isabel y Fernando reyes.
Expulsión de los Judíos.
(1492)

• Llegada de Colón a América.
(1492)

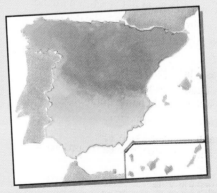

Cuenta al otro grupo los datos de la historia de España.

¿Podrías hacer un esquema igual con la historia de tu país?

llones]

Aquí te presentamos algunos datos importantes de la historia de México. ¿Puedes interpretarlos?

Para ayudarte:
fundar
llegar
independizarse
luchar
empezar
promulgar
ganar
gobernar
matar
firmar
sublevarse

MÉXICO

- La actual Constitución. (1917)

- El PRI (Partido Revolucionario Institucional) gana las elecciones. (1929)

- Gobierno de Lázaro Cárdenas, distribución de las tierras entre los campesinos y nacionalización del petróleo. (1937-1938)

- Masacre de estudiantes en la Plaza de las Tres Culturas. (1968)

- Revolución Zapatista. Tratado de Nafta. (1994)

- Fundación de Tenochtitlán por los aztecas. (1370)

- Los españoles llegan a México. (1519)

- Independencia de México. (1810-1821)

- Guerra contra EE.UU. Pérdida de Texas, Nuevo México, Arizona y California. (1847)

- La revolución mexicana. (1910)

Cuenta al otro grupo los datos de la historia de México.

Cuéntanos los datos más importantes.

♥ Escribe o dibuja las cuatro mejores cosas que te ocurrieron una primavera, un verano, un otoño y un invierno.
Explícaselo a tus compañeros/as:

En esta unidad has aprendido:

- **VOCABULARIO.** Recuerda las palabras.

hablar en general	mucha gente, la gente suele...

- **GRAMÁTICA.** Recuerda la forma del pretérito perfecto.

(Yo) ....
(Tú) ....
(Usted/él/ella) ....
(Nosotros/as) ....
(Vosotros/as) ....
(Ustedes/ellos/ellas) ....

- Y del pretérito indefinido regular.

	-AR	-ER	-IR
(Yo)	....	....	....
(Tú)	....	....	....
(Usted/él/ella)	....	....	....
(Nosotros/as)	....	....	....
(Vosotros/as)	....	....	....
(Ustedes/ellos/ellas)	....	....	....

- Y del pretérito indefinido de algunos verbos especiales.

	IR	TENER	HACER
(Yo)	....	....	....
(Tú)	....	....	....
(Usted/él/ella)	....	....	....
(Nosotros/as)	....	....	....
(Vosotros/as)	....	....	....
(Ustedes/ellos/ellas)	....	....	....

- Y las expresiones que van con perfecto y las que van con indefinido.

Pretérito perfecto	Pretérito indefinido
....	....

- **¿CÓMO SE DICE?** Recuerda cómo dices para:

discutir (expresar opinión, acuerdo, desacuerdo)	

reaccionar (expresar sorpresa, agrado, desagrado)	

@

Tema 5 En autonomía

1. Escucha y di si están de acuerdo entre ellos o no:

	Acuerdo	Desacuerdo.
1.	☐	☐
2.	☐	☐
3.	☐	☐
4.	☐	☐
5.	☐	☐

Escucha otra vez e indica qué expresiones usan para mostrar acuerdo o desacuerdo.

1. _____
2. _____
3. _____
4. _____
5. _____

2. Contesta con tu opinión.

- Las drogas son peligrosas. ....
- Yo quiero una ciudad sin coches. ....
- La televisión es mala. ....
- El feminismo es positivo. ....
- Menos consumo y más tiempo libre. ....
- La vida en el campo es mejor que en la ciudad. ....

3. Aquí tienes algunas cosas. Di qué cosas has hecho y cuáles no:

ver un ovni

bañarte en el mar por la noche

dormir en la calle

comer pescado crudo

ganar un premio

oír una conferencia

leer un libro de más de 1.000 páginas

viajar a otro continente

4. Caperucita le está contando a su amiga lo que pasó con el lobo. Escríbelo.

5. Mira este diario.

Hoy me he levantado muy pronto y he ido a trabajar. He salido de trabajar a las 19:00 y he estado con unos amigos tomando una copa. He vuelto a casa y he llamado a Roberto para ir al cine. Hemos visto una película muy interesante y después hemos ido a un café a charlar. Ha sido una conversación muy interesante.

Ahora escribe tu diario de hoy.

6. Di de qué verbo son estas formas:

	VERBO
estado	
visto	
trabajado	
sido	
dormido	
hecho	
ido	
vuelto	
comido	

7. Responde a estas preguntas:

1. ¿A qué hora se levanta la gente en tu país? ....
2. ¿A qué hora abren y cierran las tiendas? ....
3. ¿A qué hora se come?, ¿y se cena? ....
4. ¿Hay mucha gente que come fuera de casa? ....
5. ¿Quién se ocupa más de la casa, el hombre o la mujer? ....
6. ¿Cuáles son las fiestas más importantes?, ¿qué se hace? ....
7. ¿Qué hace la gente de vacaciones? ....
8. ¿Qué suelen hacer el fin de semana? ....
9. ¿Fuma mucha gente? ....
10. ¿Se bebe mucho?, ¿se sale mucho? ....

Ahora escribe un texto en el que describes las costumbres de tu país.

....
....
....
....

8. Escribe estas formas en la casilla correspondiente. Luego completa el esquema.
hablé - comiste - escribió - fui - tuvimos - hicieron - habló - fuimos - tuve

	HABLAR	COMER	ESCRIBIR
(Yo)			
(Tú)			
(Usted/él/ella)			
(Nosotros/as)			
(Ustedes/ellos/as)			

	TENER	HACER	IR
(Yo)			
(Tú)			
(Usted/él/ella)			
(Nosotros/as)			
(Ustedes/ellos/as)			

9. ¿Sabes qué hicieron estos personajes famosos?

& Relaciona

Cervantes **1**	**a** Ganar el premio Nobel.
Colón **2**	**b** Ir a América.
Keops **3**	**c** Escribir el Quijote.
Cleopatra **4**	**d** Descubrir la penicilina.
Madame Curie **5**	**e** Hacer la gran pirámide.
Napoleón **6**	**f** Enamorarse de Cleopatra.
César **7**	**g** Gobernar Egipto.
Simón Bolívar **8**	**h** Ganar muchos campeonatos de tenis.
Fleming **9**	**i** Descubrir el radio.
Rigoberta Menchú **10**	**j** Conquistar Europa.
Isadora Duncan **11**	**k** Independizar países.
Indira Gandhi **12**	**l** Modernizar la danza.
Martina Navratilova **13**	**m** Ser presidenta de gobierno.

10. Estas son algunas cosas que Rafael Da Ortigueira piensa hacer en Madrid este verano.

- Ir al Museo del Prado.
- Visitar el Jardín Botánico.
- Ir de excursión a Segovia.
- Ver el Palacio Real.
- Visitar el Centro de Arte Reina Sofía.
- Ir a un espectáculo flamenco.
- Dar un paseo en barca en el Parque del Retiro.
- Comprar algo típico.
- Pasar una noche en los bares.
- Visitar el Museo Thyssen.

MINISTERIO DE EDUCACIÓN Y CULTURA

MUSEO NACIONAL CENTRO DE ARTE REINA SOFÍA

500 PTS

14 MAR 1998

C/SANTA ISABEL Nº 52
TEL. 467 50 62   SERIE: AA   Nº 200824

MUSEO THYSSEN-BORNEMISZA
PASEO DEL PRADO, 8. 28014 MADRID. TEL.(91) 420 39 44

Vale por un chato
ABUELO II
c/. Núñez de Arce, 5

Estamos en junio. ¿Qué ha hecho ya Rafael Da Ortigueira y qué cosas no ha hecho todavía?

Ej.: Rafael ya ha dado un paseo en barca en el Retiro, pero todavía no ....

....

....

....

transcripciones

TEMA 0

3. (Pág. 8)
Me gustas cuando callas porque estás como ausente,
y me oyes desde lejos, y mi voz no te toca.
Parece que los ojos se te hubieran volado
y parece que un beso te cerrara la boca.
Me gustas cuando callas porque estás como ausente.
Y estás quejándote, mariposa en arrullo.
Y me oyes desde lejos, y mi voz no te alcanza:
Déjame que me calle en el silencio tuyo.

5. (Págs. 9 y 10)
1. copa - 2. que - 3. aquí - 4. zapato - 5. cesta - 6. gato - 7. agua - 8. guerrilla - 9. ángel - 10. página - 11. jarra.

....

1. colonia - 2. José - 3. zumo - 4. química - 5. gorila - 6. zar - 7. queso - 8. general - 9. Julia - 10. cuco - 11. guerrilla - 12. cero - 13. jefe - 14. guitarra - 15. cámara - 16. gasolina - 17. zona - 18. gusto - 19. jamón - 20. cine - 21. jirafa - 22. gimnasia.

TEMA 1

En autonomía.
9. (Pág. 35)
El 15, el 69, el 20, el 55, el 76, el 13, el 18, el 75, el 99, el 17, el 25, el 79, el 24, el 56, el 3, el 11, el 14, el 30, el 9, el 40, el 100, el 1, el 12, el 21, el 7.

TEMA 2

Órbita 1.
Práctica global (Pág. 44)
"Poneos de pie y formad un círculo. Andad en círculo. Rápido. Más rápido. STOP. Brazos arriba, abajo, a la izquierda, a la derecha, al centro, arriba, abajo, a la derecha, a la izquierda. STOP. Andad todo recto hacia adelante, andad hacia atrás. Girad a la izquierda, girad a la derecha. Gracias".

Recuerda. Con el corazón. (Pág. 54)
Viaje de fantasía

Cierra los ojos y ponte cómodo. Imagínate que vas por este paisaje. Estás al lado del río. A la derecha hay agua transparente y fresca. Oyes el sonido del agua. Inspiras el aire fresco profundamente y espiras.
A la izquierda hay árboles grandes. Arriba, en el cielo azul, hay nubes blancas. Oyes los pájaros que están encima de los árboles. Entre los árboles hay hierba. Caminas sobre ella lentamente. Ahora te tumbas en la hierba y respiras profundamente.
Vas a recordar todo lo que has aprendido en el segundo tema de español:
- *Las personas (yo, tú, usted, él, ella, nosotros, vosotros, ustedes, ellos, ellas).*
- *Los verbos de movimiento (ir: yo voy, tú vas, él va, nosotros vamos, vosotros vais, ellos van; girar: giro, giras, gira, giramos, giráis, giran; coger: cojo, coges, coge, cogemos, cogéis, cogen).*
- *Las expresiones que indican posición (a la izquierda, a la derecha, al lado, etc.).*
- *La comparación (más que, menos que, tan como, tanto como).*
- *Los nombres de cosas que hay en la calle, como un estanco, un bar, Correos...*
- *Algunas preposiciones con el verbo ir, como ir a, ir por, ...*
Todas estas palabras y formas te son familiares y puedes recordarlas en cualquier momento. Recuerda todas las actividades que hemos hecho en clase y los ejercicios. Y ten la confianza de que todas ellas están en tu cabeza.
Ahora comienza a mover lentamente los pies y las manos, respira profundamente y estírate y, cuando estés preparado, abre los ojos y vuelve a la clase con tus compañeros.

TEMA 4

Órbita 2a
3. (Pág. 94)
- ¡Hombre, Carlos!, ¡cuánto tiempo! ¿Qué tal?
- ¡Hombre, Manuel! Muy bien, ¿y tú?

- Muy bien, ¿qué es de tu vida? Hace mucho que no nos vemos.
- Pues sí. A ver si nos vemos un día con más tiempo.
- Oye... ¿y si quedamos mañana y cenamos juntos?
- Huy, es que mañana no me va bien, tengo otra cita.
- Vale... ¿y qué tal el jueves?
- ¿El jueves a las 10?
- Perfecto. ¿Cómo quedamos?
- ¿Vamos a Casa Domínguez?
- Vale, entonces el jueves a las 10 en Casa Domínguez.
- Muy bien, hasta el jueves.
- Hasta el jueves.

En autonomía
7. (Pág. 106)
• ¿Te apetece ir al cine?
• Vale, ¿qué vamos a ver?
• Pues a mí me apetece ver "El teléfono Asesino".
• Ah, ¿cómo quedamos?
• Pues, a las ocho en la puerta del Rialto.
• Vale, hasta luego.

• Oye, ¿por qué no tomamos una copa después del trabajo? Tengo que hablar contigo.
• Vaya, lo siento; es que ya he quedado.

• ¡Maruja!
• Anda, ¡cuánto tiempo!
• Qué casualidad, hace mucho tiempo que no nos vemos.
• Sí, pero mira, es que ahora tengo muchísima prisa. A ver si comemos un día.
• Sí, sí, yo te llamo.

• Oye, Juan, quiero hablar contigo de una cosa.
• Sí, sí, dime.
• No, ahora no, que es largo.
• Ah, ¿por qué no cenamos juntos esta noche?
• Perfecto.
• ¿Vamos al "Pisco"?
• Muy bien, invito yo.
• Bueno, ya veremos. ¿Te parece bien a las 10:00?
• Sí. Entonces a las 10:00 en el "Pisco".
• Vale.

TEMA 5

Órbita 1b
1. (Pág. 112)

• 1. - Mira lo que dice el periódico: "Las mujeres españolas están una hora diaria con sus hijos, y los hombres sólo trece minutos".
- ¿Ah, sí?, pues me parece fatal.
• 2. - Según la Oficina Internacional del Trabajo, dentro de unos 500 años habrá igualdad laboral entre hombres y mujeres.
- ¡Qué bien!

•3. - Fíjate: el 30 por ciento de las mujeres de algunos países, como Estados Unidos, Canadá, Noruega y Países Bajos, ha sufrido malos tratos sexuales en la infancia.
- ¡Qué horror!, es espantoso.

• 4. - ¿Sabes que en Suecia las mujeres que tienen un hijo se pueden quedar en casa 15 meses y, al mismo tiempo, el padre puede trabajar menos durante 18 meses?
- ¡Qué maravilla, no me lo puedo creer!

En autonomía
1. (Pág. 130)

1. • Uf, el español es dificilísimo.
   • Yo creo que no es así.
2. • No es bueno trabajar tanto.
   • Sí, es verdad.
3. • A mí me parece bastante estúpido.
   • Tienes razón.
4. • A mí lo que me parece es que no tiene ganas de trabajar.
   • No lo creo, yo creo que está desmotivado.
5. • ¡Ya está bien!, esto no hay quien lo aguante.
   • Estoy totalmente de acuerdo contigo.

Versión
Mercosur

tema
1 Versión Mercosur

Diálogos de pág. 14

- ¡Hola!, yo soy Ahmed, y vos, ¿cómo te llamás?
- Sue, ¿qué tal?
- Bien, ¿y vos?

- Y vos, ¿de dónde sos?
- Costarriqueña.
- Pero, ¿de dónde?
- De San José.
- ¡Ah!, yo vivo en Tokio, pero ahora estoy acá, en Buenos Aires, estudiando español. Y vos, ¿qué hacés?
- Bueno, yo estoy acá de vacaciones.

- Buenas tardes, soy la señora Vázquez, soy argentina.
- Mucho gusto, mi nombre es Wilson Ogbomoso.
- Perdón, no le entendí, ¿cómo se llama usted?
- Ogbomoso, Wilson Ogbomoso.
- ¿Ogbomoso?, ¿de dónde es usted?
- De Nigeria.
- Y, ¿a qué se dedica?
- Bueno, soy refugiado político.

- ¡Hola! Yo soy Federico. ¿Y vos?
- Yo, Manuel. ¿Qué tal?
- Encantado. ¿Sos de Buenos Aires?
- No, de Rosario. Estoy visitando a unos parientes.
- ¿Qué hacés?
- Soy ingeniero, pero en este momento estoy sin trabajo, desocupado. Y vos, ¿estás paseando por Buenos Aires?
- No, estoy aquí por negocios.
- Bueno, nos vemos.
- Chau, hasta luego.

* Registro Formal y Registro Informal
1. Combina las dos columnas. Puede haber más de una opción.

Portugués	Español
a. Você é brasileiro?	1. ¿Usted es brasileño?
b. O Senhor é brasileiro?	2. ¿Tú ya tienes los pasajes?
c. Tu és brasileiro?	3. ¿Vos sos brasileño?
d. Você já tem as passagens?	4. ¿Usted ya tiene los pasajes?
e. Tu já tens as passagens?	5. ¿Vos tenés los pasajes?
f. O Senhor já tem as passagens?	6. ¿Vos sos brasileño?
	7. ¿Tú eres brasileño?

2. Marca con una cruz la casilla correspondiente.

	Formal	Informal
1. ¿Usted es brasileño?		
2. ¿Tú ya tienes los pasajes?		
3. ¿Vos sos brasileño?		✕
4. ¿Usted ya tiene los pasajes?		
5. ¿Vos tenés los pasajes?		
6.¿Tú eres brasileño?		

3. A partir del ejercicio anterior completa el siguiente cuadro.

Portugués			Español		
Pronombre	Persona verbal	Registro	Pronombre	Personal verbal	Registro
Tu			Tú	2ª	Informal
Você			Vos		
O/A senhor/-a			Usted		

* Uso del pronombre VOS

Es el pronombre de segunda persona del singular que se usa en muchos países hispanoamericanos en lugar de la forma "tú".

1) ¿En qué países se emplea?
   En Argentina y Uruguay de manera uniforme y, en menor medida, en Paraguay, Bolivia, Perú, Costa Rica, Nicaragua, Guatemala, El Salvador y Honduras.

2) ¿Qué sucede con el verbo que lo acompaña?
   Que se producen cambios en el Presente del Indicativo y en el Imperativo.

Infinitivo	Presente Indicativo		Imperativo	
	Tú	Vos	Tú	Vos
Comprar	compras	comprás	compra	comprá
Comer	comes	comés	come	comé
Vivir	vives	vivís	vive	viví

Observa lo que ocurre con el verbo **ser**:

Ser	eres	sos	sé	sé

3) El pronombre "vos" puede usarse tanto como sujeto como precedido de una preposición.
   Ejemplos: ¿Vos te llamás *Alfredo Peláez*? / *Este regalo lo compré* para vos.

@

1. Cámbiale el registro a las siguientes oraciones usando "vos" o "usted" y luego respóndelas.

Ejemplo: *¿Usted tiene hermanos?*
                ¿Vos tenés hermanos?
                Sí, tengo dos.

a. ¿Cómo se llama usted?   ....
b. ¿De dónde sos?   ....
c. ¿A qué se dedica?   ....
d. ¿Dónde vivís?   ....
e. ¿Tenés teléfono?   ....
f. ¿Es usted ingeniero?   ....

2. Escribe los diálogos que te proponemos siguiendo las instrucciones y utilizando "vos" en las situaciones informales.

En una fiesta te acercas a un(-a) chico(a) que no conoces.

a: saluda y pregunta el nombre   ....
....

b: responde   ....
....

a: pregunta nacionalidad   ....
....

b: responde   ....
....

a: pregunta profesión   ....
....

b: responde   ....
....

a: pregunta lugar de residencia y teléfono   ....
....

b: responde   ....
....

a y b: se despiden   ....
....

3. Repite el mismo ejercicio con las siguientes situaciones.

- En la misma fiesta, el (la) padre (madre) del (de la) chico(a) se te aproxima. Antes de escribir piensa cómo lo (la) tratarías y por qué.

- En la oficina el jefe se presenta a su nueva secretaria. ¿Se tratarán formal o informalmente? ¿Por qué?

- En la misma oficina esta secretaria conoce a un colega.

4. Practica estos diálogos oralmente con tus compañeros-as.

tema 2 Versión Mercosur

Diálogo de pág. 39.

> • Discúlpeme, por favor, ¿hay una farmacia por aquí?
> • A ver... mmm... Sí, mira, hay una aquí nomás. Tomá la primera calle a la derecha y seguí derecho más o menos unos cien metros. Allí hay un supermercado muy grande; al lado mismo hay una farmacia.
> • Entonces, agarro la primera a la derecha, voy derecho y al lado del "súper" está la farmacia, ¿no?
> • Sí, eso es.
> • Muchas gracias.
> • Por nada.

Observación: En Argentina y Uruguay nunca se usa el verbo "coger" en su sentido de "tomar", sino que se usa exclusivamente con el sentido de "practicar el acto sexual". En lugar de "coger" puede usarse "tomar" o "agarrar".

1. Relaciona ambas columnas mediante flechas.

Si quiero...	Voy...
Comprar pan	al supermercado o al almacén
Comprar medialunas	
Comprar cigarrillos	a la panadería
Comprar caramelos	
Comprar tortas	al quiosco
Comprar estampillas	
Comprar nafta	al vídeo
Comprar diarios y revistas	
Comprar leche, manteca, café	a la estación de servicio
Comprar azúcar, aceite, etc.	
Alquilar una película	al correo

* Artículos

Suele ocurrir que un mismo sustantivo presenta géneros diferentes en español y en portugués. Para evitarte posibles errores te presentamos algunos de ellos.

1. Completa con el artículo EL o LA.

A

........*la*..... leche
.... radio
.... sal
.... sangre
.... legumbre
.... nariz
.... costumbre

B

.... mensaje
.... viaje
.... pasaje
.......*el*..... puente
.... color
.... dolor

@

2. Completa las siguientes oraciones:

- Las palabras de la columna A son de género ....
- Las palabras de la columna B son de género ....

3. ¿Cómo terminan en portugués las palabras que en español terminan en –umbre y –aje y qué género tienen?

4. Completa las siguientes frases con un artículo y con un adjetivo de la lista que te proporcionamos a continuación.

Divertido-a; extenso-a; claro-a; largo-a; frío-a; caro-a; extraño-a; antiguo-a; negro-a; tibio-a; nuevo-a; viejo-a.

a. ....*El*..... color ....*negro*..... no le queda muy bien: la hace muy delgada.

b. .... leche está ....: caliéntala un poco más.

c. En Europa, ... viajes en tren son muy ...., porque se conocen personas de todas las nacionalidades.

d. .... pasaje a Bahía es demasiado ....: es mejor ir en autobús.

e. Recibí ayer .... mensaje muy .... de José.

f. Debajo .... puente corre un río de aguas ....

g. Ya es .... costumbre .... en Argentina comer ñoquis los días 29 de cada mes.

h. Tiene .... nariz tan .... que se parece a Cyrano de Bergerac.

i. Compré .... radio .... para el coche.

5. Completa las siguientes frases con un artículo y con un adjetivo de la lista que te proporcionamos a continuación.

Limpio-a; fresco-a; protegido-a; afilado-a; herido-a; claro-a; sucio-a.

a. ....*El*..... agua está ....*fresca*......
b. .... área está .... contra incendios.
c. .... hacha del leñador no estaba ....
d. Este pájaro tiene .... ala ....
e. Al terminar la clase, los alumnos dejaron .... aula ....

6. Completa la siguiente regla:

Los sustantivos femeninos que comienzan con "a/ha" tónica, en singular van precedidos por el artículo definido ....

7. Traslada las frases del ejercicio 5 al plural, y observa qué cambio se produce en el artículo.

8. El juego del Ta-Te-Ti: El objetivo de este juego es obtener una secuencia horizontal, vertical u oblicua en tres casilleros. El/la alumno-a A marcará sus casilleros con un círculo y el/la alumno-a B con una cruz. Cada casillero tendrá asignada una tarjeta con una tarea. Las tarjetas contienen un sustantivo y un adjetivo. Para poder marcar un tanto, el/la alumno-a deberá formar una oración en la que aparezca un artículo determinado y las palabras de la tarjeta. (Ejemplo: si en la tarjeta dice "puente/larg-", el alumno podrá formar una oración del tipo: este es el puente más largo de la ciudad.)

x	x	x

x		
x		
x		

x		
	x	
		x

* FALSOS AMIGOS

A menudo ocurre que una palabra idéntica o muy parecida en español y en portugués tiene distinto significado o se usa con sentidos diferentes. A estas palabras se las conoce como **falsos amigos**

1. Elige la definición correcta para cada una de estas palabras o expresiones.

• Largo-a:
  - a) que tiene gran longitud
  - b) amplio-a, holgado-a

• Estar enojado-a:
  - a) estar molesto-a, ofendido-a, con rabia
  - b) tener una impresión desagradable causada por algo repugnante

• Oficina:
  - a) local donde trabajan empleados públicos o privados
  - b) lugar donde se lleva a arreglar el coche

• Taller:
  - a) conjunto de cuchillo, tenedor y cuchara
  - b) lugar donde llevamos el coche cuando no funciona

• Estar aburrido-a:
  - a) estar molesto-a, ofendido-a, con rabia
  - b) estar desganado-a o sin saber qué es lo que se desea hacer

• Exquisito-a:
  - a) de gusto o calidad extraordinarios
  - b) raro-a, extraño-a

• Distinto-a:
  - a) diferente
  - b) persona distinguida

• Engrasado-a:
  - a) divertido-a
  - b) que contiene grasa

2. Completa las oraciones con las palabras adecuadas.

a. La Avenida 9 de julio, en Buenos Aires, es la más .... del mundo. Cruzarla te puede llevar casi 5 minutos.

b. Cuando se rompe el coche hay que llevarlo al .... mecánico.

c. Ricardo se fue temprano a la .... porque su jefe lo convocó para una reunión.

d. Para el casamiento les regalaron unos .... de plata elegantísimos.

e. La pollera le quedaba demasiado .... y la arrastraba por el suelo.

f. Su primer novio fue un señor muy .... , educado en Europa y que pertenecía a una de las familias más aristocráticas de la ciudad.

g. Aquel banquete fue una delicia para los sentidos: la comida estaba .... y la decoración de los platos era una obra de arte.

h. ¿Cómo quieres que no esté .... después de las cosas ofensivas que me dijo?

i. El domingo fue muy ....: estuve todo el día en casa sin hacer nada.

3. Se divide la clase en dos grupos. Cada grupo elige un-a voluntario-a que se sentará de espaldas al pizarrón. El-la profesor-a escribirá un frase. Los grupos utilizarán explicaciones gramaticales, sinónimos y mímica para que el/la voluntario-a adivine la frase. Ganará el grupo que primero logre decirla completa.

Ejemplo: *Tiene el pelo tan largo que le llega a la cintura.*

> Primera pista: "la primera palabra es un verbo en 3ª persona del singular del presente de indicativo". Segunda pista: "después hay un sustantivo de una parte del cuerpo". Tercera pista: se puede hacer un gesto señalando el pelo y la cintura, etc.

* HABER, TENER, ESTAR

En el portugués hablado en Brasil, en lugar de usarse el verbo **haver** (haber) para expresar existencia se emplea generalizadamente el verbo **ter** (tener).

Ejemplos:

Na esquina tem uma padaria.   En la esquina hay una panadería.
Nesta cidade tem muitos museus.   En esta ciudad hay muchos museos.

Además, el alumno suele confundir los usos de los artículos con los verbos **haber** y **estar**.

Ejemplo:

A loja fica na esquina onde tem a farmácia.
                              uma farmácia.

La tienda queda en la esquina donde está la farmacia.
                              hay una farmacia.

Para evitar este tipo de errores te proponemos algunas actividades.

1. Indica cuáles de las siguientes oraciones tienen sujeto y márcalo.
Ten en cuenta la siguiente regla:

Las oraciones formadas con los verbos TENER y ESTAR siempre tienen sujeto.

a. Este departamento es muy lindo, pero no tiene dependencias de servicio.
   Sujeto: ....

b. ¿En tu casa hay pileta?
   Sujeto: ....

c. Esta avenida no tiene semáforos.
   Sujeto: ....

d. En esta avenida no hay ningún semáforo roto.
   Sujeto: ....

e. A la derecha están el baño y los dormitorios.
   Sujeto: ....

2. A partir de los ejemplos anteriores encuentra un sinónimo.

Haber = ...
Tener = ...

3. Transforma las siguientes oraciones de acuerdo con los modelos:

• *Mi coche no tiene aire acondicionado.*
  En mi coche no hay aire acondicionado.

• *En esta ciudad no hay ningún rascacielos.*
  Esta ciudad no tiene ningún rascacielos.

a. El libro no tiene fotos.
....
b. En el dormitorio no hay armarios.
....
c. Juan me contó que en su escuela no hay suficientes computadoras.
....
d. La ciudad donde nací tiene apenas 1.500 habitantes.
....

4. Completa los espacios en blanco, si es necesario, con "el, la, los, las, uno, una, unos, unas, algún, alguna, algunos, algunas, varios, varias, mucho, mucha, muchos, muchas". Para ello ten en cuenta la siguiente regla:

HABER	+ un(o)/una/unos/unas	ESTAR	+ el/la/los/las
	algún/alguna/algunos/algunas		nombres propios
	varios/varias		
	mucho/mucha/muchos/muchas		
	Ø		

a. Sobre esta avenida hay .... importantes tiendas.

b. A la izquierda está .... obelisco.

c. A dos cuadras hay .... bar muy bonito.

d. En esa esquina hace muchos años había .... mueblería muy famosa.

e. En este edificio no hay .... departamentos sin dependencias de servicio.

f. Frente al teatro están .... librerías más importantes.

g. Al lado de la plaza está .... escuela.

5. Si quieres conocer y pasear por algunos lugares típicos de Buenos Aires, completa las oraciones con los verbos "haber, tener, estar" (si tienes dudas sobre el uso de "haber" y "estar" consulta la página 43):

a. .... un teatro muy importante en la ciudad donde se dan óperas, ballets y conciertos: el Teatro Colón. Este teatro .... frente a la Plaza Lavalle.

b. .... muy buenos restaurantes donde se pueden comer las famosas carnes argentinas; los mejores .... en la Avenida Costanera.

c. Buenos Aires, que es una metrópolis moderna, ... varios *shoppings* donde puedes comprar gran variedad de artículos. Uno de los más conocidos es el Shopping Alto Palermo, que .... en Avenida Santa Fe y Coronel Díaz.

d. El tango es la música típica del Río de la Plata y .... varias casas nocturnas donde puedes escucharlo y, si te animas, bailarlo.

e. Dice la leyenda que Buenos Aires es la ciudad que nunca duerme, de hecho .... una vida nocturna muy intensa. No te aconsejamos ir a ninguna discoteca antes de las 2 de la mañana, porque no encontrarás a nadie.

f. La Avenida de Mayo .... los mejores restaurantes para saborear la cocina española.

6. Práctica oral.

En parejas, cada alumno-a recibe una foto. Ambas deben tener cosas en común; por ejemplo, que contengan imágenes de dos salones amueblados, de dos paisajes, etc. El objetivo es que cada alumno-a trate de imaginar cómo es la imagen de su colega. Para eso precisa averiguarlo haciendo preguntas: "¿en tu foto hay cortinas?", "¿la sala tiene alfombra?", "¿hay nieve?", etc. Por último, las parejas se mostrarán las imágenes, comentarán las diferencias y semejanzas y analizarán las posibles razones que las llevaron a imaginar algo distinto.

3 Versión Mercosur

Diálogo pág. 63

- ¡Hola!, ¿qué tal?
- Hola, José, ¿qué vas a llevar?
- A ver... quería dos kilos de papas y una plantita de lechuga, medio de cebollas y... tres morrones colorados.
- ¿Te gustan estos?
- Sí, están buenos. Dame también dos kilos de naranjas.
- ¿Qué más?
- Quería también un melón y medio de peras.
- ¿Cuáles quieres?
- ¿Están maduras estas?
- Sí, claro. ¿Vas a llevar algo más?
- No, así está bien.
- Son 6 pesos.
- Aquí tienes.
- Gracias.
- Hasta luego.
- Chau.

1. ¿De qué otra forma puede...?

	INFORMAL	FORMAL
a. Preguntar el/la vendedor-a:	¿Qué vas a llevar?	¿Qué va a llevar?
b. Pedir el/la cliente-a:	Dame...	Déme...
c. Identificar un producto:	¿Cuáles quieres? ¿Cuáles te gustan?	¿Cuáles quiere? ¿Cuáles le gustan?

2. ¿De qué otra forma podemos llamar los siguientes productos?

Une mediante flechas los productos de ambas columnas.

Pimientos	Porotos
Patatas	Duraznos
Plátanos	Ananá
Melocotones	Bananas
Piña	Papas
Judías	Morrones

* Los demostrativos

Al/A la hablante brasileño-a, los demostrativos suelen presentarle alguna dificultad, ya que en el portugués oral no siempre se establece la diferencia entre las formas "este, ese, aquel".

1. Completa los espacios con las palabras "hablante" y "oyente".

a. Usamos "este/esta/estos/estas" cuando queremos señalar objetos o personas que están cerca del ....

b. Usamos "ese/esa/esos/esas" cuando queremos señalar objetos o personas que están cerca del ....

c. Usamos "aquel/aquella/aquellos/aquellas" cuando queremos señalar objetos o personas que están alejados del .... y del ....

2. Completa los diálogos con los demostrativos correspondientes.

A. ¿Quién era .... chica con la que estabas el otro día?
B. Es Marisa, la hermana de Jaime.

A. ¿Qué libro piensas regalarle a Juan?
B. Creo que le voy a dar .... que está aquí porque .... que vimos ayer me parece muy caro.

A. ¿Y adónde vas a viajar .... año de vacaciones?
B. Todavía no lo sé. Me gustó mucho .... propuesta que me hizo Ana de ir juntos al Caribe.

A. ¿Cómo me quedan .... pantalones?
B. .... no te quedan muy bien; .... que te probaste antes te quedaban mejor, te hacían más delgado.

A. Luciano, ¿............. remera es tuya?
B. No, ... remera no es mía. La mía es .... que está allá, sobre la mesa.

A. Disculpe, ¿sería tan amable de sostenerme .... paquetes un momento?
B. Sí, claro.

A. .... lapicera que estás usando es la que te regaló Daniel.
B. No, ... la compré la semana pasada.

3. Práctica oral.

Los-as alumnos-as deben poner dentro de una bolsa dos o tres objetos personales tales como llaves, bolígrafos, peines, etc. Nadie podrá ver los objetos que pongan los-as demás compañeros-as. El/la profesor-a distribuirá luego todos los objetos por la clase. Los-as alumnos-as, desde el lugar en el que se encuentran, deberán adivinar de quién es cada cosa.

Ejemplo: A. Este bolígrafo es de Germán.
             B. No, ese no es de Germán, creo que es de Daniela.
             C. No, no, aquel es de Daniela.

* Pronombres complemento

1. Lee las siguientes frases y observa la posición de los pronombres complemento.

a. El libro que me prestó Juan lo leí en una noche.
b. Llamé a Sofía para invitarla a mi cumpleaños.
c. A mis padres pienso llamarlos mañana.
d. Esa película la quiero ver el próximo fin de semana.
e. Lo que te estoy contando es la pura verdad.
f. ¿Me escuchas? Estoy hablándote.

2. Ahora marca con una cruz el lugar donde se coloca el pronombre cuando el verbo está conjugado en infinitivo o en gerundio.

☐	verbo conjugado	☐
☐	infinitivo	☐

☐	conjugado + infinitivo	☐
☐	conjugado + gerundio	☐

3. Haz un cuadro como el anterior para la colocación de los pronombres en portugués y anota las diferencias que encontraste.

☐	verbo conjugado	☐
☐	infinitivo	☐

☐	conjugado + infinitivo	☐
☐	conjugado + gerundio	☐

4. Ordena las siguientes oraciones.

a. Quiero / me / un vestido / comprar
b. Llamar / mañana / no puedo / lo
c. Escribí / la / ayer / de / y / la / mandar / olvidé / me
d. Lo / buscando / no / lo / estoy / puedo / encontrar / y
e. Fin / cine / al / de / semana / a / este / llevar / voy / los
f. Días / te / plazo / de / pidiendo / diez / estoy
g. Pasó / te / para / te / me / llamo / contar / lo que

tema
4 Versión Mercosur

* Vocabulario y expresiones utilizadas en Argentina

Para:	En España	En Argentina
HABLAR DE LAS PARTES DEL DÍA	**por** la mañana / tarde / noche	**a** la mañana / tarde / noche
HABLAR DE FRECUENCIAS	una vez **a** la semana	una vez **por** semana / mes / año
PROPONER UN ENCUENTRO	**¿Te apetece** ir al cine? **¿Te apetece** jugar al tenis?	**¿Querés** ir al cine? **¿Tenés ganas de** jugar al tenis?
REHUSAR UNA CITA	(No) Es que... tengo **otra cita.**	(No) Es que... tengo **otra cita / otro compromiso.**
ANUNCIAR UN ENCUENTRO	A ver si me llamas y **quedamos.**	A ver si me llamás y **combinamos / arreglamos** algo.

* Léxico de Argentina
Asocia los dibujos y los anuncios

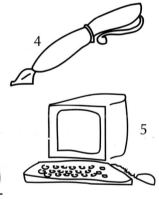

1   2   3   4   5   6   7

a

Bar Jardín Alemán: todos los viernes gran fiesta de la cerveza. ¡Sólo $ 0,75 cada chop!

b

Propietario vende edificio en construcción: 10 pisos, 2 departamentos por piso, amplio garaje en el subsuelo.

c

Para sus regalos de fin de año nada mejor que una lapicera Monte Everest.

d

Para su quinta o jardín. Piletas de fibra de vidrio. Verifique nuestros precios.

e

Compre ya su computadora de última generación. Amplias facilidades de pago. ¡No pierda esta oportunidad!

f

No se la pierda. Gran liquidación de fin de temporada. 50% de descuento en todos los locales Shopping de la Costa.

g

Gran liquidación de remeras. Variedad de tamaños, colores y modelos.

Observa nuevamente los dibujos y averigua qué palabras se usan en España para designarlos.

Confecciona junto con un-a compañero-a una propaganda televisiva para uno de los objetos y represéntala para el resto de la clase. La clase elegirá la propaganda más convincente.

* Verbos de aseo personal

El uso correcto de los verbos de aseo personal en español se ve dificultado:
1) por el hecho de que en portugués estos verbos no son reflexivos y
2) por la posición que pueden ocupar los pronombres en la oración.

Ejemplo: *Vou escovar meus dentes = voy a cepillarme/me voy a cepillar los dientes.*

Son verbos de aseo personal:

Lavarse la cara/las manos
Cepillarse los dientes
Peinarse
Afeitarse
Bañarse
Vestirse
Maquillarse

Observa que en español los verbos "acostarse", "despertarse" y "levantarse", al contrario que en portugués, son obligatoriamente reflexivos.

1. Pon el verbo en la forma correcta.

Carolina es secretaria del presidente de una multinacional. De lunes a viernes (despertarse) .... a las 7:00 y (levantarse) .... inmediatamente. Luego (bañarse) .... , (cepillarse) .... los dientes, (maquillarse) ...., (peinarse) .... y (recogerse) .... el pelo en un rodete. A las 7:30 (desayunar) .... y por último (vestir) .... (salir) .... de su casa a las 8:00.

2. Utiliza, de la siguiente lista, el mayor número de verbos posible y cuéntale a tu compañero-a cómo va a ser tu rutina mañana por la mañana:

despertarse	levantarse	cepillarse	lavarse
ducharse	afeitarse	peinarse	maquillarse
vestirse	desayunar	empezar	salir
trabajar	acostarse	hacer compras	pasear

Ejemplo: *Mañana voy a despertarme a las ocho y...*

3. Haz una encuesta para averiguar lo que tus compañeros-as hacen por la mañana. Descubre quién tiene las mañanas más holgadas.

4. Observa las estaciones del año en la página 93 y realiza los cambios necesarios para el hemisferio sur.

5 Versión Mercosur

* El uso del Pretérito Perfecto y del Pretérito Indefinido en Hispanoamérica

En algunas regiones de España, así como en muchas regiones de Hispanoamérica, el Pretérito Indefinido y el Pretérito Perfecto son considerados equivalentes desde el punto de vista de su significado; por lo tanto, su uso es intercambiable. Inclusive, en algunos lugares de Hispanoamérica se prefiere el uso del Indefinido. Así pues, se encontrarán enunciados como los siguientes:

Esta tarde redacté el informe para la empresa.
María se ha separado hace tres años.
José se casó a comienzos de este año.
Hoy estuve muy ocupado, por eso no pude llamarte.

A continuación te proporcionamos una serie de textos extraídos de periódicos y noticieros radiales hispanoamericanos. Corrige el uso del Pretérito Indefinido y del Pretérito Compuesto de los verbos subrayados, de acuerdo con la diferenciación que has aprendido en la página 121 del libro.

El primero te servirá como ejemplo:
1. *"Como esta mañana yo no <u>estuve</u> en el Consejo Deliberante no sé decirle lo que ha pasado".*
"Como esta mañana yo no <u>he estado</u> en el Consejo Deliberante no sé decirle lo que ha pasado".

2. "Desde nuestro partido político no se ha tenido una actitud agresiva frente a la oposición. Siempre <u>tuvimos</u> una actitud constructiva".

3. "Todos recordarán que la semana pasada el gobernador <u>ha hecho</u> algunas aclaraciones en este sentido, <u>ha expresado</u> su convicción de que la Provincia progresará en la medida en que se afiance el programa económico".

4. "En Moscú, un decreto presidencial <u>nombró</u> hoy al ministro de finanzas Vladimir Panzov como miembro del Consejo de Seguridad de Rusia".

5. "Buenos días, son cerca de las 12 y le quería decir que <u>estuve</u> esta mañana en la playa, también estuvimos ayer con mi marido, y es terrible la cantidad de basura que hay; y eso que hay depósitos donde ponerla. Por favor, que alguien haga algo, limpiemos la playa, por favor".

6. "Este es un equipo que ha madurado, hemos incorporado a jugadoras como Paola Parisi, oriunda de Mar del Plata, que estuvo jugando en Italia. También entró otra jugadora, Rosana Franchi, que <u>ha jugado</u> el campeonato mundial en China, en 1990".

ESPAÑOL	ALEMÁN	FRANCÉS	INGLÉS	ITALIANO	PORTUGUÉS
TEMA 1	**TEMA 1**	**TEMA 1**	**TEMA 1**	**TEMA 1**	**TEMA 1**
A	**A**	**A**	**A**	**A**	**A**
Abogado/a (el, la)	Rechtsanwalt	Avocat	Solicitor (U.K.), Lawyer	Avvocato	Advogado
Abrir	öffnen	Ouvrir	To Open	Aprire	Abrir
Adiós	auf Wiedersehen	Au Revoir	Good-bye	Ciao, Arrivederci	Tchau, Adeus
Agua (el)	Wasser	Eau	Water	Acqua	Água
Ahora	jetzt	Maintenant	Now	Adesso	Agora
Apellido (el)	Familienname, Nachname	Nom de famille	Last Name	Cognome	Sobrenome
Aprender	lernen	Apprendre	To Learn	Imparare	Aprender
Aprobado/a	bestanden	Reçu (à un examen)	C/past	Promosso	Aprovado
Artista (el, la)	Künstler	Artiste	Artist	Artista	Artista
B	**B**	**B**	**B**	**B**	**B**
Bailaor/-a (el, la)	Flamenco-Tänzer	Danseur de flamenco	Flamenco Dancer	Ballerino di flamenco	Bailarino de flamenco
Banquero/a (el, la)	Bankier	Banquier	Banker	Banchiere	Banqueiro
Bar (el)	Kneipe	Bar	Bar	Bar	Bar
Beber	trinken	Boire	To Drink	Bere	Beber
Blanco/a	weiss	Blanc	White	Bianco	Branco
Bollo (el)	Milchbrötchen	Brioche	Sweet Bun	Brioche, Pasta	Brioche, Pão-doce
Buscar	suchen	Chercher	To Look for	Cercare	Procurar
C	**C**	**C**	**C**	**C**	**C**
Café (el)	Kaffee	Café	Coffee	Caffè	Café
Caña (la)	Bierglas	Demi	Draft Beer	Birra alla spina	Chope
Carnet (el)	Personalausweis	Carte d'identité	Identification Card (I.D.)	Tessera, Carta d'identità	Carteira de Identidade
Cerveza (la)	Bier	Bière	Beer	Birra	Cerveja
Churro (el)	Teigdessert, Spritzkuchen	Chichi, Beignet	Churro	Ciambella	Churro
Clarete (vino)	Rosé Wein	Vin rosé	Rose Wine	Vino rosé	Vinho Rosé
Clase (la)	Klasse	Classe	Class	Lezione	Aula, Classe
Cliente/a (el, la)	Kunde	Client	Costumer	Cliente	Cliente
Comer	essen	Manger	To Eat	Mangiare	Comer
Compañero/a (el, la)	Kamerade	Camarade	Companion	Compagno, Collega	Companheiro
Comunidad (la)	Gemeinde	Communauté	Community	Comunità	Comunidade
Consultor/-a (el, la)	Berater	Consultant	Consultant	Consultore	Consultor
Cortado (café)	Kaffee mit etwas Milch	Petit crème	Expr. Coff. with a bit of milk	Caffè macchiato	Café com um pouco de leite
Cosa (la)	Sache	Chose	Thing	Cosa	Coisa
Cuenta (la)	Rechnung	Addition	Bill/Check	Conto	Conta
D	**D**	**D**	**D**	**D**	**D**
Decir	sagen	Dire	To Say	Dire	Dizer
Dedicarse	sich widmen	Faire dans la vie	To Do Professionally	Dedicarsi	Dedicar-se
Defensor/-a (el, la)	Verteidiger	Défenseur	Defender	Difensore	Defensor
Dentista (el, la)	Zahnarzt	Dentiste	Dentist	Dentista	Dentista
Derecho/a	geradeaus, rechts	Droit	Right	Diritto	Direito
Desear	wünschen	Désirer	To Desire	Desiderare	Desejar
Después	später, danach	Après	After	Dopo	Depois
Día (el)	Tag	Jour	Day	Giorno	Dia
Dividido/a	verteilt	Divisé	Divided	Diviso	Dividido
Domicilio (el)	Wohnort	Domicile	Address	Indirizzo, Domicilio	Domicílio
E	**E**	**E**	**E**	**E**	**E**
Empresa (la)	Betrieb	Entreprise	Company	Ditta, Impresa	Empresa
Empresario/a (el, la)	Unternehmer	Chef d'entreprise	Businessman/-woman	Imprenditore	Empresário
Encontrarse	sich treffen, begegnen	Se retrouver	To Meet	Incontrarsi	Encontrar-se
Escribir	schreiben	Ecrire	To Write	Scrivere	Escrever
Escritor/-a (el, la)	Schriftsteller	Ecrivain	Writer	Scrittore	Escritor
Escuchar	zuhören	Ecouter	To Listen	Ascoltare	Escutar
Estudiar	lernen, studieren	Etudier	To Study	Studiare	Estudar
Estudio (el)	Studium	Etude	Study	Carriera	Estudo
Extranjero/a (el, la)	Ausländer	Etranger	Foreigner	Straniero	Estrangeiro
F	**F**	**F**	**F**	**F**	**F**
Famoso/a	berühmt	Célèbre	Famous	Celebre	Famoso
Firma (la)	Unterschrift	Signature	Signature	Firma	Assinatura
Funcionario/a (el, la)	Beamte	Fonctionnaire	Civil Servant	Statale, Funzionario	Funcionário Público
G	**G**	**G**	**G**	**G**	**G**
Ganar	gewinnen	Gagner	To Win, To Earn	Guadagnare	Ganhar
Gasolina (la)	Benzin	Essence	Petrol (U.K.), Gasoline	Benzina	Gasolina
Gato/a (el, la)	Katze	Chat	Cat	Gatto	Gato
Gitano/a (el, la)	Zigeuner	Gitan	Gypsy	Zingaro	Cigano
H	**H**	**H**	**H**	**H**	**H**
Haber	haben	Avoir	There is/There are	Avere	Haver
Habitante (el, la)	Einwohner	Habitant	Citizen	Abitante	Habitante
Hacer	machen	Faire	To Do/To Make	Fare	Fazer
Hermano/a (el, la)	Bruder/Schwester	Frère/Soeur	Brother/Sister	Fratello/Sorella	Irmão
Hijo/a (el, la)	Sohn/Tochter	Fils/Fille	Son/Daughter	Figlio	Filho
Hola	Hallo	Bonjour	Hello	Ciao	Olá, Oi
Hombre (el)	Mann	Homme	Man	Uomo	Homem
I	**I**	**I**	**I**	**I**	**I**
Importante	wichtig	Important	Important	Importante	Importante
Indígena (el, la)	Eingeborener	Indigène	Indigenous	Indigena	Indígena
Indio/a (el, la)	Indianer	Indien	Indian	Indiano	Índio
Ingeniero/a (el, la)	Ingenieur	Ingénieur	Engineer	Ingegniere	Engenheiro
Inmigrante (el, la)	Einwanderer	Inmigrant	Immigrant	Immigrante	Imigrante
Ir	gehen	Aller	To Go	Andare	Ir
J	**J**	**J**	**J**	**J**	**J**
Judío/a (el, la)	Jude	Juif	Jew	Ebreo	Judeu
Jurista (el, la)	Jurist	Juriste	Juror	Giurista	Jurista
L	**L**	**L**	**L**	**L**	**L**
Leche (la)	Milch	Lait	Milk	Latte	Leite
Leer	lesen	Lire	To Read	Leggere	Ler
Lengua (la)	Sprache	Langue	Language	Lingua	Língua
Limón (el)	Zitrone	Citron	Lemon	Limone	Limão
Llamarse	heissen	S'appeler	To Be Called	Chiamarsi	Chamar-se
Luego	nachher	Après	Later	Dopo	Logo, Depois
Lugar (el)	Ort	Lieu	Place	Luogo	Lugar
M	**M**	**M**	**M**	**M**	**M**
Madre (la)	Mutter	Mère	Mother	Madre	Mãe
Maestro/a (el, la)	Lehrer	Maître d'école	Teacher	Maestro	Mestre, Professor
Mañana (la)	Morgen	Matinée/Matin	Morning	Domani	Manhã
Marido (el)	Ehemann	Mari	Husband	Marito	Marido
Más	mehr	Plus	More	Piú	Mais
Materno/a	Mutter...	Maternelle	Maternal	Materna	Materno
Médico/a (el, la)	Arzt	Médecin	Doctor	Medico	Médico

ESPAÑOL	ALEMÁN	FRANCÉS	INGLÉS	ITALIANO	PORTUGUÉS
Mediodía (el)	Mittag	Midi	Noon	Mezzogiorno	Meio-dia
Menos	weniger	Moins	Less	Meno	Menos
Militar	Militär	Militaire	Soldier	Militare	Militar
Ministro/a (el, la)	Minister	Ministre	Ministry	Ministro	Ministro
Mucho/a	viel	Beaucoup	A lot	Molto	Muito
Mujer (la)	Frau, Ehefrau	Femme	Woman, Wife	Moglie, Donna	Mulher
Mundo (el)	Welt	Monde	World	Mondo	Mundo
N	**N**	**N**	**N**	**N**	**N**
Nacionalidad (la)	Staatsangehörigkeit	Nationalité	Nationality	Nazionalità	Nacionalidade
Naranja (la)	Orange	Orange	Orange	Arancia	Laranja
Negocio (el)	Geschäft, Verhandlung	Affaires	Business	Affari	Negócio
Negro/a	schwarz	Noir	Black	Negro	Preto
Noche (la)	Nacht	Nuit	Night	Notte	Noite
Nombre (el)	Name	Prénom	Name	Nome	Nome
Novio/a (el, la)	Verlobter	Fiancé	Boyfriend/Girlfriend	Fidanzato/Ragazzo	Namorado
O	**O**	**O**	**O**	**O**	**O**
Oír	hören	Entendre	To Hear	Sentire	Ouvir
Organizar	organisieren	Organiser	To Organize	Organizzare	Organizar
Origen (el)	Herkunft, Ursprung	Origine	Origin	Origine	Origem
P	**P**	**P**	**P**	**P**	**P**
Padre (el)	Vater	Père	Father	Padre	Pai
Paro (el)	Arbeitslosigkeit	Chômage	Unemployment	Disoccupazione	Desemprego
Pensar	denken	Penser	To Think	Pensare	Pensar
Pero	aber	Mais	But	Però, Ma	Mas
Perro/a (el, la)	Hund	Chien	Dog	Cane	Cachorro
Pincho (el)	Stückchen, Portion	Petit morceau	Small Portion	Spiedo	Porção pequena
Plaza (la)	Platz	Place	Square	Piazza	Praça
Poco/a	wenig	Peu	A little	Poco	Pouco
Poeta (el, la)	Dichter	Poète	Poet	Poeta	Poeta
Poner	hier: *geben*	Mettre	To Put	Mettere	Pôr
Preguntar	fragen	Demander	To Ask	Domandare	Perguntar
Premio (el)	Preis	Prix	Prize	Premio	Prêmio
Privado/a	privat	Privé	Private	Privato	Privado
Profesión (la)	Beruf	Profession	Profession	Professione	Profissão
Público/a	öffentlich	Public	Public	Pubblico	Público
Q	**Q**	**Q**	**Q**	**Q**	**Q**
Querer	wollen/lieben	Vouloir/aimer	To Want/To Love	Volere/amare	Querer
R	**R**	**R**	**R**	**R**	**R**
Ración (la)	Portion	Portion	Portion	Razione	Porção
Refresco (el)	kaltes Getränk	Rafraîchissement	Soda	Rinfresco	Refrigerante
Refugiado/a (el, la)	Flüchtling	Réfugié	Refugee	Rifugiato	Refugiado
Religioso/a (el, la)	Ordensangehöriger	Religieux	Religious Person	Religioso	Religioso
Rosado (vino)	Rosé (Wein)	Vin rosé	Rose Wine	Vino rosé	Vinho Rosé
S	**S**	**S**	**S**	**S**	**S**
Sacerdote/-tisa (el, la)	Priester	Curé	Priest	Sacerdote	Sacerdote
Saludar	grüssen	Saluer	To Greet	Salutare	Cumprimentar
Señor/-a (el, la)	Herr/Frau	Monsieur	Mister/Sir	Signore	Senhor
Sexo (el)	Geschlecht	Sexe	Sex	Sesso	Sexo
Sobresaliente	sehr gut, hervorragend	Mention T.B.	A+	Eccellente, Ottimo	Excelente, Nota Dez
Solo (café)	schwarzer Kaffee	Café noir	Black Coffee	Caffè espresso	Café Expresso
Suspenso/a	durchgefallen	Collé (à un examen)	Fail (an exam)	Bocciato	Reprovado
T	**T**	**T**	**T**	**T**	**T**
También	auch	Aussi	Also	Anche	Também
Tapa (la)	Appetithäppchen	"Amuse-gueule"	Small Portion of Food	Stuzzichino	Porção pequena
Tarde (la)	Nachmittag, Abend	Après-midi	Afternoon	Pomeriggio/sera	Tarde
Tener	haben	Avoir	To Have	Avere	Ter
Tienda (la)	Laden	Magasin	Shop	Negozio	Loja
Tinto (vino)	Rot (wein)	Vin rouge	Red Wine	Vino rosso	Vinho Tinto
Todo/a	alles	Tout	All, Everything	Tutto	Tudo
Tortilla (la)	Omelett	Omelette	Omelette	Frittata	Omelete
Trabajar	arbeiten	Travailler	To Work	Lavorare	Trabalhar
Trabajo (el)	Arbeit	Travail	Work	Lavoro	Trabalho
V	**V**	**V**	**V**	**V**	**V**
Vacaciones (las)	Urlaub/Ferien	Vacances	Vacation	Vacanze	Férias
Vino (el)	Wein	Vin	Wine	Vino	Vinho
Vivir	leben	Vivre	To Live	Vivere	Viver, Morar
Z	**Z**	**Z**	**Z**	**Z**	**Z**
Zumo (el)	Saft	Jus	Juice	Spremuta, Succo	Suco

TEMA 2	**TEMA 2**	**TEMA 2**	**TEMA 2**	**TEMA 2**	**TEMA 2**
A	**A**	**A**	**A**	**A**	**A**
Abandonado/a	verlassen	Abandonné	Abandoned	Abbandonato	Abandonado
Abajo	unten	En bas	Downstairs	Sotto	Abaixo
Aburrido/a	langweilig	Ennuyeux	Bored/Boring	Annoiato	Entediado, Tedioso
Actualmente	gegenwärtig	Actuellement	Presently	Attualmente	Atualmente
Adelante	vorwärts	Tout droit	Ahead	Avanti	Adiante
Adulto/a (el, la)	Erwachsener	Adulte	Adult	Adulto	Adulto
Alimento (el)	Nahrung	Aliment	Food	Alimento	Alimento
Alrededor	Umgebung	Autour	Around	Intorno	Ao redor
Alquiler (el)	Miete	Loyer	Rent	Affitto	Aluguel
Amigo/a (el, la)	Freund	Ami	Friend	Amico	Amigo
Andar	gehen	Marcher	To Walk	Andare	Andar
Antiguo/a	alt	Ancien	Ancient	Antico	Antigo
Árbol (el)	Baum	Arbre	Tree	Albero	Árvore
Arriba	oben	En haut	Up, Upstairs	Sopra	Em cima
Arte (el)	Kunst	Art	Art	Arte	Arte
Atrás	hinten	Arrière	Back	Indietro	Atrás
Avenida (la)	Allee	Avenue	Avenue	Corso	Avenida
Avión (el)	Flugzeug	Avion	Airplane	Aereo	Avião
B	**B**	**B**	**B**	**B**	**B**
Barato/a	billig	Bon marché	Cheap	Economico	Barato
Bello/a	schön	Beau	Beautiful	Bello	Belo
Biblioteca (la)	Bibliothek	Bibliothèque	Library	Biblioteca	Biblioteca
Bicicleta (la)	Fahrrad	Bicyclette	Bicycle	Bicicletta	Bicicleta
Bonito/a	schön	Joli	Pretty	Bello/grazioso	Bonito
Bueno/a	gut	Bon	Good	Buono	Bom
Buzón (el)	Briefkasten	Boîte aux lettres	Mailbox	Buca delle lettere	Caixa de Correio
C	**C**	**C**	**C**	**C**	**C**
Caballo/yegua (el, la)	Pferd/Stute	Cheval/Jument	Horse/mare	Cavallo/Cavalla	Cavalo/Égua

ESPAÑOL	ALEMÁN	FRANCÉS	INGLÉS	ITALIANO	PORTUGUÉS
Cabina (la)	Telefonzelle	Cabine	Booth	Cabina	Cabine Telefônica
Calle (la)	Strasse	Rue	Street	Strada	Rua
Callejero (el)	Strassenführer	Répertoire des rues	Street Map	Stradario	Guia de ruas
Caminar	wandern	Marcher	To Walk	Camminare	Caminhar
Camino (el)	Weg	Chemin	Way	Cammino	Caminho
Campo (el)	Feld	Campagne	Country, Field	Campagna	Campo
Capital (la)	Hauptstadt	Capitale	Capital	Capitale	Capital
Caro/a	teuer	Cher	Expensive	Costoso	Caro
Carta (la)	Brief	Lettre	Letter, Menu	Lettera	Carta, Cardápio
Casa (la)	Haus	Maison	House	Casa	Casa
Centro (el)	Zentrum	Centre	Center	Centro	Centro
Cielo (el)	Himmel	Ciel	Sky	Cielo	Céu
Cigarrillo (el)	Zigarrette	Cigarette	Cigarette	Sigaretta	Cigarro
Cine (el)	Kino	Cinéma	Movie Theater	Cinema	Cinema
Círculo (el)	Kreis	Cercle	Circle	Circolo	Círculo
Ciudad (la)	Stadt	Ville	City	Città	Cidade
Cobrar	kassieren	Encaisser	To Get Paid, to Cash	Incassare	Cobrar
Coche (el)	Auto	Voiture	Car	Macchina, Automobile	Carro
Coger	nehmen	Prendre	To Take	Prendere	Pegar
Colección (la)	Sammlung	Collection	Collection	Collezione	Coleção
Color (el)	Farbe	Couleur	Color	Colore	Cor
Comercial	Geschäfts...	Commercial	Shopping Mall	Commerciale	Comercial
Cómodo/a	bequem	Commode	Comfortable	Comodo	Cômodo
Compra (la)	Kauf	Marché	Purchase	Spesa	Compra
Comprar	kaufen	Acheter	To Buy	Comprare	Comprar
Comunicar	mitteilen	Communiquer	Communicate	Comunicare	Comunicar
Conocer	kennen	Connaître	To know someone	Conoscere	Conhecer
Contaminación (la)	Luftverschmutzung	Pollution	Contamination	Inquinamento	Poluição,Contaminação
Contaminado/a	verseucht	Pollué	Contaminated	Inquinato	Poluído, Contaminado
Corazón (el)	Herz	Coeur	Heart	Cuore	Coração
Correos	Post	Poste (la)	Post Office	Posta	Correio
Costar	kosten	Coûter	To Cost	Costare	Custar
Crear	schöpfen	Créer	To Create	Creare	Criar
D	**D**	**D**	**D**	**D**	**D**
Decisión (la)	Entscheidung	Décision	Decision	Decisione	Decisão
Delante	vorn	Devant	In Front of	Davanti	Em frente
Deporte (el)	Sport	Sport	Sports	Sport	Esporte
Destino (el)	Schicksal	Destination	Destination	Destino	Destino
Detrás	hinten	Derrière	Behind	Dietro	Atrás
Diferente	verschieden	Différent	Different	Diverso	Diferente
Dinero (el)	Geld	Argent	Money	Soldi, Denaro	Dinheiro
Dirección (la)	Richtung	Direction	Way	Indirizzo	Endereço
Diversión (la)	Unterhaltung	Amusement	Fun	Diversione	Diversão
Divertido/a	lustig	Amusant	Fun	Divertente	Divertido
E	**E**	**E**	**E**	**E**	**E**
Económico/a	günstig	Economique	Economist	Economico	Econômico
Edificio (el)	Gebäude	Edifice	Building	Edificio, Palazzo	Edifício
Elegir	wählen	Choisir	To Choose	Scegliere	Escolher
Enfrente	gegenüber	En face	Across from	Di fronte	Em frente
Entender	verstehen	Comprendre	To Understand	Capire	Entender
Entonces	dann	Alors	Then	Allora	Então
Entre	zwischen/unter	Entre	Between	Fra	Entre
Enviar	schicken	Envoyer	To Send	Spedire	Enviar
Establecimiento (el)	Geschäft	Etablissement	Establishment	Stabilimento	Estabelecimento
Estación (la)	Bahnhof	Gare	Station	Stazione	Estação
Estanco (el)	Tabakladen	Bureau de tabac	Kiosk	Tabaccheria	Tabacaria
Estilo (el)	Stil	Style	Style	Stile	Estilo
Extensión (la)	Ausdehnung	Extension	Extension	Estensione	Extensão
F	**F**	**F**	**F**	**F**	**F**
Farmacia (la)	Apotheke	Phamarcie	Chemist (U.K.)	Farmacia	Farmácia
Feo/a	hässlich	Laid	Ugly	Brutto	Feio
Formar	bilden	Former	To Form	Formare	Formar
Fútbol (el)	Fussball	Football	Football (U.K.), Soccer (U.S.)	Calcio	Futebol
G	**G**	**G**	**G**	**G**	**G**
Gente (la)	Leute	Gens (les)	People	Gente	Gente
Girar	drehen	Tourner	To Turn	Girare	Girar
Gracias (las)	Danke	Merci	Thanks	Grazie	Obrigado/a
Grande	gross	Grand	Big	Grande	Grande
Gustar	gern haben	Aimer (goût)	To Like	Piacere	Gostar
H	**H**	**H**	**H**	**H**	**H**
Hablar	sprechen	Parler	To Speak	Parlare	Falar
Hierba (la)	Gras	Herbe	Grass	Erba	Erva
Hospital (el)	Krankenhaus	Hôpital	Hospital	Ospedale	Hospital
Huerto (el)	Gemüsegarten	Jardin potager	Vegetable Garden	Orto	Horta
I	**I**	**I**	**I**	**I**	**I**
Iglesia (la)	Kirche	Eglise	Church	Chiesa	Igreja
Incómodo/a	unbequem	Inconfortable	Uncomfortable	Scomodo	Incômodo
Inconveniente (el)	unangebracht	Inconvénient	Inconvenient	Inconveniente	Inconveniente
Independiente	unabhängig	Indépendant	Independent	Indipendente	Independente
Indicar	anzeigen	Indiquer	To Indicate	Indicare	Indicar
Integración (la)	Anpassung	Intégration	Integration	Integrazione	Integração
Integrado/a	angepasst	Intégré	Integrated	Integrato	Integrado
Izquierda (la)	links	Gauche	Left	Sinistra	Esquerda
J	**J**	**J**	**J**	**J**	**J**
Jamón (el)	Schinken	Jambon	Ham	Prosciutto	Presunto
Jardín (el)	Garten	Jardin	Garden	Giardino	Jardim
Joven (el, la)	Jugendlicher	Jeune	Young Person	Giovane	Jovem
Justicia (la)	Gerechtigkeit	Justice	Justice	Giustizia	Justiça
Justo	genau	Juste	Accurate	Esatto	Justo
L	**L**	**L**	**L**	**L**	**L**
Lado (el)	Seite	Côté	Side	Lato	Lado
Lejos	weit	Loin	Far	Lontano	Longe
Línea (la)	Linie	Ligne	Line	Linea, Riga	Linha
Llegar	ankommen	Arriver	To Arrive	Arrivare	Chegar
M	**M**	**M**	**M**	**M**	**M**
Mágico/a	zauberhaft	Magique	Magician	Magico	Mágico
Mandar	senden	Envoyer	To Send	Mandare, Spedire	Mandar, Enviar
Mar (el)	Meer	Mer	Sea	Mare	Mar
Metro (el)	U-bahn	Métro	Subway	Metropolitana	Metrô

ESPAÑOL	ALEMÁN	FRANCÉS	INGLÉS	ITALIANO	PORTUGUÉS
Mirar	ansehen	Regarder	To Look	Guardare	Olhar
Monotonía (la)	Eintönigkeit	Monotonie	Monotony	Monotonia	Monotonia
Monumento (el)	Sehenswürdigkeit	Monument	Monument	Monumento	Monumento
Moto (la)	Motorrad	Moto	Motorcycle	Motorino	Moto
Muy	sehr	Très	Much	Molto	Muito
N	**N**	**N**	**N**	**N**	**N**
Natural	natürlich	Naturel	Natural	Naturale	Natural
Naturaleza (la)	Natur	Nature	Nature	Natura	Natureza
Necesitar	brauchen	Avoir besoin de..	To Need	Aver bisogno	Necessitar
Nocturno/a	nächtlich	Nocturne	Night	Notturno	Noturno
Nube (la)	Wolke	Nuage	Cloud	Nuvola	Nuvem
O	**O**	**O**	**O**	**O**	**O**
Oferta (la)	Angebot	Offre	Offer	Offerta	Oferta
P	**P**	**P**	**P**	**P**	**P**
País (el)	Land	Pays	Country	Nazione	País
Pájaro/a (el, la)	Vogel	Oiseau	Bird	Uccello	Pássaro
Palacio (el)	Palast	Palais	Palace	Palazzo	Palácio
Panadería (la)	Bäckerei	Boulangerie	Bakery	Panificio	Padaria
Paquete (el)	Paket	Paquet	Package	Pacchetto	Pacote
Parada (la)	Haltestelle	Arrêt	Stop	Fermata	Parada
Parque (el)	Park	Parc	Park	Parco	Parque
Pasear	spazieren	Se promener	To Take a Walk	Passeggiare	Passear
Película (la)	Film	Film	Movie	Film	Filme
Peligroso/a	gefährlich	Dangereux	Dangerous	Pericoloso	Perigoso
Pequeño/a	klein	Petit	Small	Piccolo	Pequeno
Perdonar	vergeben	Pardonner	To Forgive	Perdonare	Perdoar
Periferia (la)	Umkreis	Périphérie	Outskirts	Periferia	Periferia
Persona (la)	Mensch	Personne	Person	Persona	Pessoa
Pico (el)	Schnabel	Pic	Peak	Becco	Pico
Pie (el)	Fuss	Pied	Foot	Piede	Pé
Pintado/a	bemalt/gestrichen	Peint	Painted	Dipinto	Pintado
Piso (el)	Wohnung	Appartement	Flat (U.K.), Apartment (U.S.)	Appartamento	Apartamento
Plano (el)	Stadtplan	Plan	Map	Piano/Piantina	Mapa
Playa (la)	Strand	Plage	Beach	Spiaggia	Praia
Población (la)	Bevölkerung	Population	Population	Popolazione	População
Pobre	arm	Pauvre	Poor	Povero	Pobre
Poco/a	wenig	Peu	A little, a few	Poco	Pouco
Poder	Macht	Pouvoir	To Be Able to	Potere	Poder
Prisa (la)	Eile	Hâte	Hurry	Fretta	Pressa
Pueblo (el)	Dorf	Village	Town	Paese	Vilarejo
R	**R**	**R**	**R**	**R**	**R**
Rápido/a	schnell	Rapide	Fast	Rapido, Veloce	Rápido
Reconstruir	wiederaufbauen	Reconstruire	To Reconstruct	Ricostruire	Reconstruir
Recto/a	gerade	Droit	Straight	Retto, Dritto	Reto
Residencial	Wohn...	Résidentiel	Residential	Residenziale	Residencial
Río (el)	Fluss	Fleuve	River	Fiume	Rio
Ruido (el)	Lärm	Bruit	Noise	Rumore	Ruído
Ruidoso/a	lärmend	Bruyant	Noisy	Rumoroso	Ruidoso
Rural	ländlich	Rural	Rural	Rurale	Rural
S	**S**	**S**	**S**	**S**	**S**
Saber	wissen	Savoir	To Know	Sapere	Saber
Sacar	herausnehmen	Tirer	To Take Out	Estrarre	Tirar
Salir	herausgehen	Sortir	To Leave	Uscire	Sair
Seguir	fortsetzen, folgen	Suivre	To Continue	Continuare	Seguir, Continuar
Seguro/a	sicher	Sûr	Safe	Sicuro	Seguro
Sello (el)	Briefmarke	Timbre	Stamp	Timbro/ Francobollo	Selo
Sentirse	sich fühlen	Se sentir	To Feel	Sentirsi	Sentir-se
Sitio (el)	Ort	Place	Place	Posto	Lugar
Social	gesellschaftlich	Social	Social	Sociale	Social
Soledad (la)	Einsamkeit	Solitude	Solitude	Solitudine	Solidão
T	**T**	**T**	**T**	**T**	**T**
Terrible	schrecklich	Terrible	Terrible	Terribile	Terrível
Tomar	nehmen	Prendre	To Take	Prendere	Tomar
Torre (la)	Turm	Tour	Tower	Torre	Torre
Tráfico (el)	Verkehr	Circulation	Traffic	Traffico	Trânsito
Tranquilidad (la)	Ruhe	Tranquillité	Tranquillity	Tranquillità	Tranqüilidade
Tranquilo/a	ruhig	Calme	Peaceful	Tranquillo	Tranqüilo
Tren (el)	Zug	Train	Train	Treno	Trem
V	**V**	**V**	**V**	**V**	**V**
Varios/as	verschiedene	Plusieurs	Various	Diversi	Vários
Ventaja (la)	Vorteil	Avantage	Advantage	Vantaggio	Vantagem
Ver	sehen	Voir	To See	Vedere	Ver
Vez (la)	Mal	Fois	Turn	Volta/Turno	Vez
Vía (la)	Weg	Voie	Through	Via	Via
Viaje (el)	Reise	Voyage	Trip	Viaggio	Viagem
Vida (la)	Leben	Vie	Life	Vita	Vida
Vivienda (la)	Wohnung	Logement	Housing	Alloggio	Habitação

TEMA 3	**TEMA 3**	**TEMA 3**	**TEMA 3**	**TEMA 3**	**TEMA 3**
A	**A**	**A**	**A**	**A**	**A**
Abrigo (el)	Mantel	Manteau	Coat	Cappotto	Casaco
Aceite (el)	Öl	Huile	Oil	Olio	Óleo
Acompañar	begleiten	Accompagner	To Go With	Accompagnare	Acompanhar
Además	ausserdem	En plus	Besides	Inoltre	Além de
Agradable	angenehm	Agréable	Nice	Gradevole	Agradável
Algo	etwas	Quelque chose	Something	Qualcosa	Algo
Ambiente (el)	Stimmung	Ambiance	Environment	Ambiente	Ambiente
Arroz (el)	Reis	Riz	Rice	Riso	Arroz
Asociación (la)	Verein	Association	Association	Associazione	Associação
Azafrán (el)	Safran	Safran	Saffron	Zafferano	Açafrão
B	**B**	**B**	**B**	**B**	**B**
Barra (la)	Bar	Comptoir	Bar	Bancone	Balcão
Básico/a	grundlegend	De base	Basic	Basico	Básico
Bastante	ziemlich	Assez	Enough	Sufficiente	Bastante, Suficiente
Benéfico/a	wohltätig	Bénéfique	Benefit	Benefico	Benéfico
Botella (la)	Flasche	Bouteille	Bottle	Bottiglia	Garrafa
C	**C**	**C**	**C**	**C**	**C**
Cabeza (la)	Kopf	Tête	Head	Testa	Cabeça

ESPAÑOL	ALEMÁN	FRANCÉS	INGLÉS	ITALIANO	PORTUGUÉS
Cansado/a	müde	Fatigué	Tired	Stanco	Cansado
Cantante (el, la)	Sänger	Chanteur	Singer	Cantante	Cantor
Cantidad (la)	Anzahl, Menge	Quantité	Amount	Quantità	Quantidade
Cara (la)	Gesicht	Visage	Face	Viso	Rosto
Carne (la)	Fleisch	Viande	Meat	Carne	Carne
Cebolla (la)	Zwiebel	Oignon	Onion	Cipolla	Cebola
Chico/a (el, la)	Junge/Mädchen	Garçon/Fille	Boy/girl	Ragazzo	Menino
Ciencia (la)	Wissenschaft	Sciences	Science	Scienza	Ciência
Claro/a	hell, klar	Clair	Clear	Chiaro	Claro
Cliente/a (el, la)	Kunde	Client	Client	Cliente	Cliente
Cola (la)	Schlange	Queue	Queue (U.K.), Line (U.S)	Coda	Fila
Cómico/a	komisch	Comique	Funny	Comico	Cômico
Comida (la)	Speise	Repas	Food	Cibo, Alimento	Comida
Consciente	bewusst	Conscient	Conscious	Cosciente	Consciente
Consumidor/-a (el, la)	Verbraucher	Consommateur	Consumer	Consumatore	Consumidor
Consumir	verbrauchen	Consommer	Consume	Consumare	Consumir
Consumo (el)	Konsum	Consommation	Consumption	Consumo	Consumo
Contestador (el)	Anrufbeantworter	Répondeur automatique	Answering Machine	Segreteria telefonica	Secretária Eletrônica
Cortar	schneiden	Couper	To Cut	Tagliare	Cortar
D	**D**	**D**	**D**	**D**	**D**
Dar	geben	Donner	To Give	Dare	Dar
Dejar	lassen	Laisser	To Leave, To Give Up	Lasciare	Deixar
Disco (el)	Schallplatte	Disque	Record	Disco	Disco
Domingo (el)	Sonntag	Dimanche	Sunday	Domenica	Domingo
E	**E**	**E**	**E**	**E**	**E**
Empanada (la)	Pastete	Tourte	Empanada	Impanata	Pastel
Encantar	sehr gut gefallen	Enchanter	To Love (Something)	Incantare	Encantar, Gostar
Equipo (el)	Gerät	Equipe	Stereo	Impianto stereo	Equipe, Time
F	**F**	**F**	**F**	**F**	**F**
Familiar	vertraut	Familier	Familiar	Familiare	Familiar
Festividad (la)	Festlichkeit	Festivité	Festive	Festività	Festividade
Fruta (la)	Frucht	Fruit (le)	Fruit	Frutta	Fruta
Fuente (la)	Schüssel	Plat	Serving Dish	Piatto da portata	Fonte
Fumar	rauchen	Fumer	To Smoke	Fumare	Fumar
Futuro (el)	Zukunft	Avenir	Future	Futuro	Futuro
G	**G**	**G**	**G**	**G**	**G**
Gafas (las)	Brille	Lunettes	Glasses	Occhiali	Óculos
Guerra (la)	Krieg	Guerre	War	Guerra	Guerra
H	**H**	**H**	**H**	**H**	**H**
Habitación (la)	Zimmer	Chambre	Room	Camera	Quarto
Harina (la)	Mehl	Farine	Flour	Farina	Farinha
Hora (la)	Uhr, Zeit	Heure	Hour	Ora	Hora
Huevo (el)	Ei	Oeuf	Egg	Uovo	Ovo
Humano/a	menschlich	Humain	Human	Umano	Humano
I	**I**	**I**	**I**	**I**	**I**
Invertir	investieren	Investir	To Invest	Investire	Investir
L	**L**	**L**	**L**	**L**	**L**
Lata (la)	Dose	Boîte (de conserve)	Can	Latta	Lata
Lechuga (la)	Kopfsalat	Laitue	Lettuce	Lattuga	Alface
Libro (el)	Buch	Livre	Book	Libro	Livro
Llevar	hier: *zubereitet sein mit*	Porter	To Take	Portare	Levar
M	**M**	**M**	**M**	**M**	**M**
Maduro/a	reif	Mûr	Ripe	Maturo	Maduro
Mano (la)	Hand	Main	Hand	Mano	Mão
Manzana (la)	Apfel	Pomme	Apple	Mela	Maçã
Medio/a	halb	Demi	Half	Mezzo	Meio
Mercado (el)	Markt	Marché	Market	Mercato	Mercado
Mes (el)	Monat	Mois	Month	Mese	Mês
Mesa (la)	Tisch	Table	Table	Tavola	Mesa
Montaña (la)	Berg	Montagne	Mountain	Montagna	Montanha
N	**N**	**N**	**N**	**N**	**N**
Nada	Nichts	Rien	Nothing	Niente	Nada
O	**O**	**O**	**O**	**O**	**O**
Ofrecer	anbieten	Offrir	To Offer	Offrire	Oferecer
Ordenador (el)	Computer	Ordinateur	Computer	Computer	Computador
P	**P**	**P**	**P**	**P**	**P**
Pagar	zahlen	Payer	To Pay	Pagare	Pagar
Pan (el)	Brot	Pain	Bread	Pane	Pão
Papel (el)	Papier	Papier	Paper	Carta	Papel
Parecer	hier: *meinen*	Sembler	To Think	Sembrare	Parecer
Pareja (la)	Paar	Couple	Couple	Coppia	Par, casal
Pastel (el)	Kuchen	Gâteau	Pastry	Pasticcino	Bolo
Patata (la)	Kartoffel	Pomme de terre	Potato	Patata	Batata
Pelo (el)	Haar	Cheveux	Hair	Capelli, Pelo	Cabelo
Pera (la)	Birne	Poire	Pair	Pera	Pera
Periódico (el)	Zeitung	Journal	Newspaper	Giornale	Jornal
Pescado (el)	Fisch	Poisson	Fish	Pesce	Peixe
Piel (la)	Pelz(mantel)	Peau	Skin	Pelle	Pele, Casca
Pimienta (la)	Pfeffer	Poivre	Ground Pepper	Pepe	Pimenta
Pimiento (el)	Paprikaschote	Poivron	Pepper	Peperone	Pimentão
Pintura (la)	Malerei	Peinture	Paint	Pittura	Pintura
Plátano (el)	Banane	Banane	Banana	Banana	Banana
Precio (el)	Preis	Prix	Price	Prezzo	Preço
Preferir	vorziehen	Préférer	To Prefer	Preferire	Preferir
Preparar	vorbereiten	Préparer	To Prepare	Preparare	Preparar
Próximo/a	nächste	Prochain	Next	Prossimo	Próximo
R	**R**	**R**	**R**	**R**	**R**
Ramito (el)	Bund	Brin	Bunche	Mazzo di fiori	Ramalhete
Regalo (el)	Geschenk	Cadeau	Gift	Regalo	Presente
Régimen (el)	Diät	Régime	Diet	Dieta	Regime
Relajante	entspannend	Relaxant	Relaxing	Rilassante	Relaxante
Renovar	erneuern	Rénover	To Renovate	Rinnovare	Renovar
Renta (la)	Rente	Rente	Income	Rendita	Renda
Rojo/a	rot	Rouge	Red	Rosso	Vermelho
S	**S**	**S**	**S**	**S**	**S**
Sentido (el)	Sinn	Sens	Sense	Senso	Sentido
Siempre	immer	Toujours	Always	Sempre	Sempre
Sol (el)	Sonne	Soleil	Sun	Sole	Sol

ESPAÑOL	ALEMÁN	FRANCÉS	INGLÉS	ITALIANO	PORTUGUÉS
T	**T**	**T**	**T**	**T**	**T**
Tarjeta (la)	Karte	Carte	Card	Scheda	Cartão
Televisión (la)	Fernsehen	Télévision	Television	Televisione	Televisão
Tomate (el)	Tomate	Tomate	Tomato	Pomodoro	Tomate
Trato (el)	Behandlung,Umgang	Traitement	Relation	Tratto	Trato
Trozo (el)	Stück	Morceau	Piece	Pezzo	Pedaço
U	**U**	**U**	**U**	**U**	**U**
Último /a	lezte	Dernier	Last	Ultimo	Último
Uva (la)	Traube	Raisin	Grape	Uva	Uva
V	**V**	**V**	**V**	**V**	**V**
Vale	einverstanden	D'accord	O.K.	D'accordo	De acordo
Vaso (el)	Glas	Verre	Glass	Bicchiere	Copo
Vendedor/-a (el, la)	Verkäufer	Vendeur	Salesman/Saleswoman	Venditore	Vendedor
Ventana (la)	Fenster	Fenêtre	Window	Finestra	Janela
Verdad (la)	Wahrheit	Vérité	The truth	Verità	Verdade
Verdura (la)	Gemüse	Légume	Vegetable	Verdura	Verdura, Legume
Vídeo (el)	Videoanlage	Vidéo	VCR	Video	Vídeo
Viejo/a	alt	Vieux	Old	Vecchio	Velho
Vinagre (el)	Essig	Vinaigre	Vinegar	Aceto	Vinagre
Y	**Y**	**Y**	**Y**	**Y**	**Y**
Ya	schon	Déjà	Right Now	Già	Já

ESPAÑOL	ALEMÁN	FRANCÉS	INGLÉS	ITALIANO	PORTUGUÉS
TEMA 4	**TEMA 4**	**TEMA 4**	**TEMA 4**	**TEMA 4**	**TEMA 4**
A	**A**	**A**	**A**	**A**	**A**
Abuelo/a (el, la)	Grossvater	Grand-père	Grandfather	Nonno	Avô
Aceptar	annehmen	Accepter	To Accept	Accettare	Aceitar
Acostar	zu Bett gehen	Coucher	To Go To Bed	Coricare	Deitar
Activo/a	tätig	Actif	Active	Attivo	Ativo
Agosto	August	Août	August	Agosto	Agosto
Agrícola	landwirtschaftlich	Agricole	Agriculture	Agricola	Agrícola
Ajeno/a	fremd	D'autrui	Someone else's	Altrui	Alheio
Algún(o)/a	mancher, irgendeiner	Quelqu('un)	Some	Qualcuno	Algum
Animal (el)	Tier	Animal	Animal	Animale	Animal
Antes	vorher	Avant	Before	Prima	Antes
Apadrinamiento (el)	Patenschaft	Parrainage	Sponsorship	Padrinamento	Apadrinhamento
Apadrinar	Patenstelle annehmen	Parrainer	To Support	Padrinare	Apadrinhar
Apetecer	begehren	Faire/Avoir envie	To Feel Like	Desiderare/Aver voglia	Apetecer, Desejar
Araña (la)	Spinne	Araignée	Spider	Ragno	Aranha
Artístico/a	künstlerisch	Artistique	Artistic	Artistico	Artístico
Asistencia (la)	Anwesenheit	Assistance	Existence	Assistenza	Assistência
Asistir	besuchen, anwesend sein	Assister	To Attend	Assistire	Assistir
Ayudar	helfen	Aider	Help	Aiutare	Ajudar
B	**B**	**B**	**B**	**B**	**B**
Bailar	tanzen	Danser	To Dance	Ballare	Dançar
Bocadillo (el)	belegtes Brötchen	Sandwich	Submarine Sandwich	Panino	Sanduíche
C	**C**	**C**	**C**	**C**	**C**
Calidad (la)	Qualität	Qualité	Quality	Qualità	Qualidade
Canalizar	kanalisieren	Canaliser	To Channel	Canalizzare	Canalizar
Cantar	singen	Chanter	To Sing	Cantare	Cantar
Carrera (la)	Karriere	Etudes (les)	University Major	Corso di studi, Laurea	Curso Universitário, Faculdade
Casarse	(sich ver-) heiraten	Se marier	To Get Married	Sposarsi	Casar-se
Cena (la)	Abendessen	Dîner	Dinner	Cena	Jantar
Cenar	zu Abend essen	Dîner	To Have Dinner	Cenare	Jantar
Cita (la)	Verabredung	Rendez-vous	Date	Appuntamento	Encontro, Entrevista
Cobre (el)	Kupfer	Cuivre	Copper	Rame	Cobre
Cocinar	kochen	Cuisiner	To Cook	Cucinare	Cozinhar
Colaborar	unestützen,mitarbeiten	Collaborer	To Collaborate	Collaborare	Colaborar
Colegio (el)	Schule	Collège	School	Scuola	Colégio
Comarca (la)	Gegend	Region	County	Provincia/ territorio	Comarca, Distrito
Conferencia (la)	Besprechung	Conférence	Conference	Conferenza	Conferência
Consistir	bestehen	Consister	To Consist	Consistere	Consistir
Continuar	fortsetzen	Continuer	To Continue	Continuare	Continuar
Cooperar	mitwirken	Coopérer	To Cooperate	Cooperare	Cooperar
Cooperativa (la)	Genossenschaft	Coopérative	Cooperative	Cooperativa	Cooperativa
Coser	nähen	Coudre	To Sew	Cucire	Costurar
D	**D**	**D**	**D**	**D**	**D**
Deber	dürfen	Devoir	Must	Dovere	Dever
Desarrollo (el)	Entwicklung	Développement	Development	Sviluppo	Desenvolvimento
Desayunar	frühstücken	Prendre le petit déjeuner	To Have Breakfast	Far colazione	Tomar café da manhã
Desayuno (el)	Frühstück	Petit déjeuner	Breakfast	Colazione	Café da manhã
Deseo (el)	Wunsch	Désir	Desire	Desiderio	Desejo
Difícil	schwer	Difficile	Difficult	Difficile	Difícil
Diversidad (la)	Verschiedenheit	Diversité	Diversity	Diversità	Diversidade
División (la)	Verteilung	Division	Division	Divisione	Divisão
Dormir	schlafen	Dormir	To Sleep	Dormire	Dormir
Ducharse	sich duschen	Se doucher	To Take a Shower	Farsi la doccia	Tomar banho
E	**E**	**E**	**E**	**E**	**E**
Empezar	anfangen	Commencer	To Begin	Incominciare	Começar
Enero	Januar	Janvier	January	Gennaio	Janeiro
Enfermedad (la)	Krankheit	Maladie	Illness	Malattia	Doença
Enseñar	unterrichten	Enseigner	To Teach	Insegnare	Ensinar
Escuela (la)	Schule	Ecole	School	Scuola	Escola
Especializarse	sich spezialisieren	Se spécialiser	To Specialize in	Specializzarsi	Especializar-se
Examen (el)	Prüfung	Examen	Exam	Esame	Exame
Excursión (la)	Ausflug	Excursion	Trip	Escursione, Gita	Excursão
Excusarse	sich entschuldigen	S'excuser	To Excuse (oneself)	Scusarsi	Desculpar-se
Exposición (la)	Ausstellung	Exposition	Exhibition	Esposizione	Exposição
F	**F**	**F**	**F**	**F**	**F**
Febrero	Februar	Février	February	Febbraio	Fevereiro
Fin (el)	Ende	Fin	End	Fine	Fim
Financiar	finanzieren	Financer	To Finance	Finanziare	Financiar
Frontera (la)	Grenze	Frontière	Border	Frontiera	Fronteira
G	**G**	**G**	**G**	**G**	**G**
General	allgemein	Général	General	Generale	Geral
Gimnasio (el)	Turnhalle	Gymnase	Gymnasium	Palestra	Academia de ginástica
Gubernamental	Regierungs...	Gouvernemental	Governmental	Governativo	Governamental
H	**H**	**H**	**H**	**H**	**H**
Hambre (el)	Hunger	Faim	Hunger	Fame	Fome
Hierro (el)	Eisen	Fer	Steel	Ferro	Ferro

ESPAÑOL	ALEMÁN	FRANCÉS	INGLÉS	ITALIANO	PORTUGUÉS
Hoy	heute	Aujourd'hui	Today	Oggi	Hoje
I	**I**	**I**	**I**	**I**	**I**
Injusticia (la)	Ungerechtigkeit	Injustice	Injustice	Ingiustizia	Injustiça
Intención (la)	Absicht	Intention	Intention	Intenzione	Intenção
Invierno (el)	Winter	Hiver	Winter	Inverno	Inverno
J	**J**	**J**	**J**	**J**	**J**
Jueves (el)	Donnerstag	Jeudi	Thursday	Giovedì	Quinta-feira
Jugar	spielen	Jouer	To Play	Giocare	Jogar, Brincar
Julio	Juli	Juillet	July	Luglio	Julho
Junio	Juni	Juin	June	Giugno	Junho
Juntos/as	zusammen	Ensemble	Together	Insieme	Juntos
L	**L**	**L**	**L**	**L**	**L**
Largo/a	lang	Long	Long	Lungo	Comprido
Lavarse	sich waschen	Se laver	To Wash	Lavarsi	Lavar-se
Levantarse	aufstehen	Se lever	To Get Up	Alzarsi	Levantar-se
Libertad (la)	Freiheit	Liberté	Liberty	Libertà	Liberdade
Local (el)	Raum	Local	Shop	Locale	Local para fins comerciais
Luchar	kämpfen	Lutter	To Fight	Lottare	Lutar
Lunes (el)	Montag	Lundi	Monday	Lunedì	Segunda-feira
M	**M**	**M**	**M**	**M**	**M**
Martes (el)	Dienstag	Mardi	Tuesday	Martedì	Terça-feira
Marzo	März	Mars	March	Marzo	Março
Mayo	Mai	Mai	May	Maggio	Maio
Mejorar	verbessern	Améliorer	To Better	Migliorare	Melhorar
Miércoles (el)	Mittwoch	Mercredi	Wednesday	Mercoledì	Quarta-feira
Momento (el)	Augenblick	Moment	Moment	Momento	Momento
N	**N**	**N**	**N**	**N**	**N**
Necesidad (la)	Notwendigkeit	Besoin	Necessity	Necessità, Bisogno	Necessidade
Niño/a (el, la)	Kind	Enfant	Little boy/Little girl	Bambino	Criança
Noviembre	November	Novembre	November	Novembre	Novembro
O	**O**	**O**	**O**	**O**	**O**
Octubre	Oktober	Octobre	October	Ottobre	Outubro
Ojo (el)	Auge	Oeil	Eye	Occhio	Olho
Otoño (el)	Herbst	Automne	Autumn (U.K.), Fall (U.S.)	Autunno	Outono
Otro/a	anderer	Autre	Other	Altro	Outro
P	**P**	**P**	**P**	**P**	**P**
Perder(se)	verpassen	Rater	To Lose, To Get Lost	Perdere/Perdersi	Perder(-se)
Perfecto/a	vollkommen	Parfait	Perfect	Perfetto	Perfeito
Petróleo (el)	Erdöl	Pétrole	Oil	Petrolio	Petróleo
Piano (el)	Klavier	Piano	Piano	Pianoforte	Piano
Piscina (la)	Schwimmbad	Piscine	Swimming Pool	Piscina	Piscina
Plazo (el)	Frist	Délai	Time Period	Scadenza	Prazo
Potable	trinkbar	Potable	Potable	Potabile	Potável
Precoz	frühreif	Précoce	Gifted	Precoce	Precoce
Primavera (la)	Frühling	Printemps	Spring	Primavera	Primavera
Principalmente	hauptsächlich	Principalement	Mainly	Principalmente	Principalmente
Producir	herstellen	Produire	To Produce	Produrre	Produzir
Promover	fördern	Promouvoir	Promote	Promuovere	Promover
Pronto	bald	Bientôt	Soon	Presto	Em breve
Proporcionar	besorgen	Procurer	To Supply	Fornire	Proporcionar
Q	**Q**	**Q**	**Q**	**Q**	**Q**
Quedar	sich verabreden	Donner rendez-vous	To Make an appointement	Fissare un appuntamento	Ficar, Encontrarse com alguém
R	**R**	**R**	**R**	**R**	**R**
Rechazar	ablehnen	Refuser	To Reject	Rifiutare	Recusar
Reserva (la)	Buchung	Réservation	Reservation	Riserva	Reserva
Reunión (la)	Versammlung	Réunion	Meeting	Riunione	Reunião
Reunirse	sich versammeln	Être en réunion	To Get Together	Riunirsi	Reunir-se
Rico/a	reich	Riche	Rich	Ricco	Rico
Ropa (la)	Kleidung	Vêtements	Clothes	Roba/Biancheria	Roupa
S	**S**	**S**	**S**	**S**	**S**
Sábado (el)	Samstag	Samedi	Saturday	Sabato	Sábado
Semana (la)	Woche	Semaine	Week	Settimana	Semana
Septiembre	September	Septembre	September	Settembre	Setembro
Servicio (el)	Dienst	Service	Service	Servizio	Serviço
Sesión (la)	Sitzung, Vorstellung	Session	Session	Sessione	Sessão
Sierra (la)	Bergkette	Montagne	Mountains	Montagne	Serra
Siguiente	nächste	Suivant	Next	Seguente, Successivo	Seguinte
Simplemente	einfach	Simplement	Simply	Semplicemente	Simplesmente
Solidaridad (la)	Solidarität	Solidarité	Solidarity	Solidarietà	Solidariedade
Sólo	nur	Seul	Only	Soltanto	Somente
Suerte (la)	Glück	Chance	Luck	Fortuna	Sorte
T	**T**	**T**	**T**	**T**	**T**
Tejido (el)	Gewebe	Tissu	Fabric	Tessuto	Tecido
Textil	textil	Textil	Textile	Tessile	Têxtil
Tiempo (el)	Zeit	Temps	Weather	Tempo	Tempo
Tierra (la)	Erde	Terre	Land	Terra	Terra
Tocar	spielen	Jouer (un instrument)	To Play an Instrument	Toccare	Tocar
Traje (el)	Anzug	Costume	Suit	Vestito	Terno
U	**U**	**U**	**U**	**U**	**U**
Últimamente	in letzter Zeit	Dernièrement	Lastly	Ultimamente	Ultimamente
V	**V**	**V**	**V**	**V**	**V**
Vender	verkaufen	Vendre	To Sell	Vendere	Vender
Venir	kommen	Venir	To Come	Venire	Vir
Verano (el)	Sommer	Eté	Summer	Estate	Verão
Viajar	reisen	Voyager	To Travel	Viaggiare	Viajar
Víctima (la)	Opfer	Victime	Victim	Vittima	Vítima
Viernes (el)	Freitag	Vendredi	Friday	Venerdì	Sexta-feira
Voluntario/a (el, la)	freiwillig	Bénévole	Volunteer	Volontario	Voluntário
Volver	zurückkommen	Revenir/retourner	To Return	Ritornare	Voltar
TEMA 5	**TEMA 5**	**TEMA 5**	**TEMA 5**	**TEMA 5**	**TEMA 5**
A	**A**	**A**	**A**	**A**	**A**
Accidente (el)	Unfall	Accident	Accident	Incidente	Acidente
Acontecimiento (el)	Ereignis	Evènement	Happening	Avvenimento	Acontecimento
Acuerdo (el)	Verständigung	Accord	Agreement	Accordo	Acordo
Adhesión (la)	Anschluss	Adhésion	Adherence	Adesione	Adesão
Adolescencia (la)	Jugend	Adolescence	Adolescence	Adolescenza	Adolescência
Adolescente (el, la)	Jugendlicher	Adolescent	Adolescent, Teenager	Adolescente	Adolescente
Afeitarse	sich rasieren	Se raser	To Shave	Farsi la barba	Barbear-se

ESPAÑOL	ALEMÁN	FRANCÉS	INGLÉS	ITALIANO	PORTUGUÉS
Agitar	schütteln	Agiter	To Shake	Agitare	Agitar
Alegría (la)	Freude	Joie	Happiness	Allegria	Alegria
Alma (el)	Seele	Ame	Soul	Anima	Alma
Alojar	beherbergen	Loger	To House	Alloggiare	Alojar
Alto/a	hoch/gross	Haut	Tall	Alto	Alto
Alumbrar	beleuchten	Eclairer	To Illuminate	Illuminare	Iluminar
Amor (el)	Liebe	Amour	Love	Amore	Amor
Amoroso/a	Liebes...	Amoureux	Affectionate	Amoroso	Amoroso
Ancho/a	breit	Large	Wide	Largo	Largo
Anoche	gestern abend	Hier soir	Last Night	Ieri sera/notte	Ontem à noite
Anteayer	vorgestern	Avant-hier	The Day Before Yesterday	L'altroieri	Anteontem
Año (el)	Jahr	Année	Year	Anno	Ano
Aparecer	auftreten, erscheinen	Apparaître	To Appear	Apparire	Aparecer
Apariencia (la)	Aussehen	Apparence	Appearance	Apparenza	Aparência
Artesanal	handwerklich	Artisanal	Craft	Artigianale	Artesanal
Asesino/a (el, la)	Mörder	Assassin	Killer, Assassin	Assassino	Assassino
Atentado (el)	Anschlag	Attentat	Attempt	Attentato	Atentado
Avance (el)	Vorrücken	Progression	Advance	Avanzata	Avanço
Ayer	gestern	Hier	Yesterday	Ieri	Ontem
Azul	blau	Bleu	Blue	Azzurro, blu	Azul
B	**B**	**B**	**B**	**B**	**B**
Bachillerato (el)	Abitur	Etudes secondaires	High School	Diploma di liceo	Segundo Grau
Bañarse	sich baden	Se baigner	To Take a Bath	Farsi il bagno	Banhar-se
C	**C**	**C**	**C**	**C**	**C**
Cada	jeder	Chaque	Each	Ogni	Cada
Caída (la)	Fall	Tombée	Fall	Caduta	Queda
Cama (la)	Bett	Lit	Bed	Letto	Cama
Cambiar	verändern, wechseln	Changer	To Change	Cambiare	Trocar
Cambio (el)	Veränderung	Changement	Change	Cambiamento	Troca, Câmbio
Campesino/a (el, la)	Bauer	Paysan	Countryman/woman	Contadino	Camponês
Canción (la)	Lied	Chanson	Song	Canzone	Canção
Caso (el)	Fall	Cas	Case	Caso	Caso
Célebre	berühmt	Célèbre	Famous	Celebre	Célebre
Cerebro (el)	Gehirn	Cerveau	Brain	Cervello	Cérebro
Charco (el)	Pfütze	Flaque	Puddle	Pozzanghera	Poça de água
Chubasco (el)	Schauer	Averse	Rain Storm	Acquazzone	Chuva forte e passageira
Científico/a (el, la)	Wissenschaftler	Scientifique	Scientist	Scienziato	Cientista
Cierto/a	gewiss	Certain	Of Course	Certo	Certo
Comenzar	anfangen	Commencer	To Begin	Cominciare	Começar
Componer	komponieren	Composer	To Compose	Comporre	Compor
Conquistar	erobern	Conquérir	To Conquer	Conquistare	Conquistar
Consecuencia (la)	Folge	Conséquence	Consequence	Conseguenza	Conseqüência
Constitución (la)	Verfassung	Constitution	Constitution	Costituzione	Constituição
Contemplar	betrachten	Contempler	To Contemplate	Contemplare	Contemplar
Continente (el)	Erdteil	Continent	Continent	Continente	Continente
Creación (la)	Schöpfung	Création	Creation	Creazione	Criação
Creer	glauben	Croire	To Believe	Credere	Crer
Cuento (el)	Märchen	Conte	Story	Racconto	Conto
Cumbre (la)	Gipfel	Sommet	Top	Vetta	Cume
Custodia (la)	Aufbewahrung	Garde	Custody	Custodia	Custódia
D	**D**	**D**	**D**	**D**	**D**
Decidir	entscheiden	Décider	To Decide	Decidere	Decidir
Declarar	erklären	Déclarer	To Declare	Dichiarare	Declarar
Dentro	darin	Dedans	Inside	Dentro	Dentro
Deportivo/a	sportlich	Sportif	Sporty	Sportivo	Esportivo
Desarrollarse	sich entwickeln	Se developper	To Develop	Svilupparsi	Desenvolver-se
Descubrimiento (el)	Entdeckung	Découverte	Discovery	Scoperta	Descobrimento
Desierto (el)	Wüste	Désert	Desert	Deserto	Deserto
Desventaja (la)	Nachteil	Incovénient	Disadvantage	Svantaggio	Desvantagem
Diario/a	Tagebuch	Journalier	Journal	Diario	Diário
Diente (el)	Zahn	Dent	Tooth	Dente	Dente
Distinguir	unterscheiden	Distinguer	To Distinguish	Differenziare	Distinguir
Distribución (la)	Verteilung	Distribution	Distribution	Distribuzione	Distribuição
Divorciarse	sich scheiden lassen	Divorcer	To Get Divorced	Divorziarsi	Divorciar-se
Doble (el)	Doppelte	Double	Double	Doppio	Dobro
Doloroso/a	schmerzlich	Douloureux	Painful	Doloroso	Doloroso
Durante	während	Pendant	During	Durante	Durante
E	**E**	**E**	**E**	**E**	**E**
Echarse	sich hinlegen	Se coucher	To Lie Down	Stendersi, Sdraiarsi	Atirar-se, Jogar-se
Educación (la)	Erziehung	Education	Education	Educazione	Educação
Educar	erziehen	Eduquer	To Educate	Educare	Educar
Elección (la)	Wahl	Election	Election	Elezione	Eleição
Embarazo (el)	Schwangerschaft	Grossesse	Pregnancy	Gravidanza	Gravidez
Entrar	eintreten	Entrer	To Enter	Entrare	Entrar
Equilibrio (el)	Gleichgewicht	Equilibre	Equilibrium	Equilibrio	Equilíbrio
Escolar	Schül...	Scolaire	Scholastic	Scolastico	Escolar
Espantoso/a	schrecklich	Epouvantable	Horrible	Spaventoso	Espantoso
Especialidad (la)	Fachstudium	Spécialité	Specialty	Specializzazione	Especialidade
Esperar	warten	Attendre	To Wait, To Hope	Aspettare	Esperar
Estabilidad (la)	Beständigkeit	Stabilité	Stability	Stabilità	Estabilidade
Estrellado/a	mit Sternen übersät	Etoilé	Starry	Stellato	Estrelado
Expresar	ausdrücken	Exprimer	To Express	Esprimere	Expressar
Expulsar	ausstossen	Expulser	To Expel	Espellere	Expulsar
F	**F**	**F**	**F**	**F**	**F**
Fijar(se)	bemerken	Regarder attentivement	To Concentrate	Prestare Attenzione	Prestar Atenção
Firmar	unterschreiben	Signer	To Sign	Firmare	Assinar
Flor (la)	Blume	Fleur	Flower	Fiore	Flor
Fondo (el)	Grund	Fond	Bottom	Fondo	Fundo
Fuera	aussen	Dehors	Outside	Fuori	Fora
Fuerte	stark	Fort	Strong	Forte	Forte
G	**G**	**G**	**G**	**G**	**G**
Gemelo/a (el, la)	Zwilling	Jumeau	Twin	Gemello	Gêmeo
Gobernar	regieren	Gouverner	To Govern	Governare	Governar
Grabar	prägen	Enregistrer	To Record	Registrare	Gravar
Grado (el)	Grad	Degré	Grade	Grado	Grau
Guapo/a	hübsch	Mignon	Handsome	Bello	Bonito
H	**H**	**H**	**H**	**H**	**H**
Hermanastro/a (el, la)	Stiefbruder, -schwester	Demi-frère	Step-Brother	Fratellastro	Meio-irmão
Hogar (el)	Heim	Foyer	Home	Casa	Lar

ESPAÑOL	ALEMÁN	FRANCÉS	INGLÉS	ITALIANO	PORTUGUÉS
Horror (el)	Schrecken	Horreur	Horror	Orrore	Horror
I	**I**				
Idioma (el)	Sprache	Langue	Language	Lingua	Idioma
Igual	gleich	Egal	The Same	Uguale	Igual
Igualdad (la)	Gleichheit	Egalité	Equality	Uguaglianza	Igualdade
Inaugurar	eröffnen	Inaugurer	Inaugurate	Inaugurare	Inaugurar
Increíble	unglaublich	Incroyable	Incredible	Incredibile	Incrível
Independizarse	sich unabhängig machen	Prendre son indépendance	To Become Independent	Rendersi indipendente	Tornar-se independente
Infancia (la)	Kindheit	Enfance	Infancy	Infanzia	Infância
Iniciar	beginnen	Initier	To Initiate	Iniziare	Iniciar
Instituto (el)	Institut	Lycée	Institute	Istituto	Instituto
Inválido/a	wertlos	Invalide	Disabled	Invalido	Inválido
L	**L**	**L**	**L**	**L**	**L**
Laboral	Arbeits...	Du travail	Labor	Lavorativo	Laboral, Trabalhista
Lacayo/a (el, la)	Lakai	Laquais	Footman, Servant	Lacché	Criado
Ladrido (el)	Gebell	Aboiement	Bark	Abbaio	Latido
Laico/a	laienhaft	Laïc	Lay	Laico	Laico, leigo
Lanzamiento (el)	Abschuss	Lancement	Promotional Offer	Lancio	Lançamento
Ley (la)	Gesetz	Loi	Law	Legge	Lei
Liberación (la)	Befreiung	Libération	Liberation	Liberazione	Liberação
Limpiar	reinigen	Nettoyer	To Clean	Pulire	Limpar
Literario/a	literarisch	Littéraire	Literary	Letterario	Literário
Llano (el)	Flachland	Plat	Plains	Piano	Terreno plano, Planície
Llanto (el)	Weinen	Pleurs	Cry	Pianto	Pranto
Luna (la)	Mond	Lune	Moon	Luna	Lua
Luz (la)	Licht	Lumière	Light	Luce	Luz
M	**M**	**M**	**M**	**M**	**M**
Machista	macho	Machiste	Chauvinist	Maschilista	Machista
Madrastra (la)	Stiefmutter	Marâtre	Step-Mother	Matrigna	Madrasta
Malo/a	schlecht	Méchant	Bad	Cattivo	Mau
Maravilla (la)	Wunder	Merveille	Wonderful	Meraviglia	Maravilha
Marcha (la)	Gang	Marche	Walk	Marcia	Marcha, Caminhada
Martillo (el)	Hammer	Marteau	Hammer	Martello	Martelo
Mayoría (la)	Mehrheit	Majorité	Majority	Maggioranza	Maioria
Mixto/a	gemischt	Mixte	Mixed	Misto	Misto
Monje/a (el, la)	Mönch	Moine/Religieuse	Friar	Monaco	Monge
Morir	sterben	Mourir	To Die	Morire	Morrer
Mover	bewegen	Bouger	To Move	Muovere	Mover
Multitud (la)	Menschenmenge	Multitude	Multitude	Moltitudine	Multidão
Mundial	Welt...	Mondial	World	Mondiale	Mundial
Muro (el)	Mauer	Mur	Wall	Muro	Muro
N	**N**	**N**	**N**	**N**	**N**
Nacer	geboren werden	Naître	To Be Born	Nascere	Nascer
Nacimiento (el)	Geburt	Naissance	Birth	Nascita	Nascimento
Nacionalización (la)	Verstaatlichung	Nationalisation	Nationalization	Nazionalizare	Nacionalização
Nuevo/a	neu	Nouveau	New	Nuovo	Novo
O	**O**	**O**	**O**	**O**	**O**
Obligatoriamente	verbindlich	Obligatoirement	Obligatory	Obbligatoriamente	Obrigatoriamente
Obra (la)	Werk	Travaux	Work	Opera	Obra
Oficina (la)	Büro	Bureau	Office	Ufficio	Escritório
Oído (el)	Gehör	Ouïe	Ear	Udito	Ouvido
P	**P**	**P**	**P**	**P**	**P**
Participar	teilnehmen an	Participer	To Participate	Partecipare	Participar
Pasado/a	Vergangenheit	Passé	Past	Passato	Passado
Pasar	vergehen	Passer	To Pass	Passare	Passar
Patio (el)	Hof	Cour intérieure	Patio	Cortile	Pátio
Paz (la)	Frieden	Paix	Peace	Pace	Paz
Peinarse	sich kämmen	Se peigner	To Brush Your Hair	Pettinarsi	Pentear-se
Pelearse	streiten	Se battre	To Fight	Litigare, Lottare	Brigar
Pérdida (la)	Verlust	Perte	Loss	Perdita	Perda
Perfumarse	sich parfümieren	Se parfumer	To Put on Perfume	Profumarsi	Perfumar-se
Personaje (el)	Persönlichkeit	Personnage	Character	Personaggio	Personagem
Pintar	malen	Peindre	To Paint	Dipingere	Pintar
Pisar	treten	Ecraser	To Step On	Pestare	Pisar
Plantar	pflanzen	Planter	To Plant	Piantare	Plantar
Príncipe/princesa (el, la)	Prinz	Prince/Princesse	Prince	Principe	Príncipe
Proceso (el)	Prozess	Processus	Process	Processo	Processo
Profesional	beruflich	Professionnel	Professional	Professionale	Profissional
Promulgar	erlassen	Promulguer	To Pass a Law	Promulgare	Promulgar
Prueba (la)	Probe	Epreuve	Test	Prova	Prova
Puesto (el)	Stelle	Poste	Booth	Posto	Posto
Punto (el)	Punkt	Point	Period	Punto	Ponto, Ponto final
Q	**Q**	**Q**	**Q**	**Q**	**Q**
Quebranto (el)	Zerbrechen	Douleur	Sorrow	Strazio	Sofrimento
R	**R**	**R**	**R**	**R**	**R**
Razón (la)	Vernunft	Raison	Reason	Ragione	Razão
Relación (la)	Beziehung	Relation	Relationship	Relazione	Relação
Responsabilidad (la)	Verantwortung	Responsabilité	Responsibility	Responsabilità	Responsabilidade
Rey/reina (el, la)	König	Roi/Reine	King	Re	Rei
Risa (la)	Lachen	Rire	Laugh	Risa	Risada
Romance (el)	Liebesbeziehung	Histoire d'amour	Romance	Romanzo	Romance
Romper	brechen	Casser	To Break	Rompere	Romper
Ruta (la)	Weg	Route	Route	Rotta	Rota
S	**S**	**S**	**S**	**S**	**S**
Secarse	sich trocknen	Se sécher	To Dry Off	Asciugarsi	Secar-se
Secreto/a	heimlich	Secret	Secret	Segreto	Secreto
Secundario/a	nebensächlich	Secondaire	Secondary	Secondario	Secundário
Segundo/a	zweite(r)	Second	Second	Secondo	Segundo
Selectividad (la)	Auswahlprobe	Epreuve du bac.	College Entrance Exam	Maturità	Vestibular
Separado/a	getrennt	Séparé	Separate	Separato	Separado
Separar	trennen	Séparer	To Separate	Separare	Separar
Septenio (el)	sieben Jahren	Septennat	7-year Period	Settennio	Septênio
Sociedad (la)	Gesellschaft	Société	Society	Società	Sociedade
Soler	die Gewohnheit haben	Avoir l'habitude de..	To Do Something Habitually	Solere	Ter o hábito de
Sonido (el)	Ton	Son	Sound	Suono	Som
Sublime	erhaben	Sublime	Sublime	Sublime	Sublime
Suceder	geschehen	Arriver	To Happen	Succedere	Acontecer
Sufrir	leiden	Souffrir	To Suffer	Soffrire	Sofrer
Suicidarse	Selbstmord begehen	Se suicider	To Commit Suicide	Suicidarsi	Suicidar-se

ESPAÑOL	ALEMÁN	FRANCÉS	INGLÉS	ITALIANO	PORTUGUÉS
T	**T**	**T**	**T**		**T**
Terminar	beenden	Terminer	To Finish	Finire, Terminare	Terminar
Tierno/a	zärtlich	Tendre	Sweet	Tenero	Terno
Todavía	noch	Encore	Still	Ancora	Ainda
Tontería (la)	Dummheit	Bêtise	Foolishness	Sciochezza	Tolice
Tonto/a	dumm	Bête	Idiot	Sciocco, scemo	Tonto
Tratado (el)	Vertrag	Traité	Treaty	Trattato	Tratado
Tristeza (la)	Traurigkeit	Tristesse	Sadness	Tristezza	Tristeza
U	**U**	**U**	**U**	**U**	**U**
Único/a	einzig	Unique	Unique	Unico	Único
Unificar	vereinen	Unifier	To Unify	Unificare	Unificar
V	**V**	**V**	**V**	**V**	**V**
Vestido (el)	Kleid	Robe	Dress	Abito	Vestido
Vestirse	sich anziehen	S'habiller	To Get Dressed	Vestirsi	Vestir-se

SUMARIO